глаголы
русского языка

러시아어,
이제 동사로 표현하자

러시아어 동사 100% 활용하기

ГЛАГОЛЫ
русского языка

러시아어,
이제 동사로 표현하자

러시아어 동사 100% 활용하기

장한 지음

이담
Books

이 교재는 중급 수준의 러시아어 학습자가 주요 러시아어 동사 표현을 체계적으로 공부하는데 도움을 주고자 만들었습니다. 초급 문법과 필수 어휘를 익힌 상태에서 러시아 동사의 쓰임새를 체계적으로 정리하고자 하는 분들, 동사를 통해 다양한 상황 표현을 익히고 싶은 분들, 자주 쓰이는 러시아어 동사 관용어를 정리하고자 하는 분들이 이 책을 유익하게 활용할 수 있을 것입니다.

외국어 초심자가 문법과 어휘에 어느 정도 자신감을 갖게 되었을 때 좀 더 다양하고 풍부한 표현을 공부하고자 하는 의욕을 갖게 마련입니다. 이때 학습자의 수준에 맞는 적절한 어휘 학습서가 필요합니다. 특히 원문 독해나 글쓰기 훈련에 필수인 다양한 동사의 쓰임을 문법 범주별로 정리하여 혼자서도 학습할 수 있도록 도와주는 참고서가 필요합니다. 필자는 러시아어 학습자의 이런 가려움을 긁어주고자 이 책을 엮었습니다.

이 책은 크게 다섯 부분으로 이루어져 있습니다. 1장은 '격으로 익히는 동사 표현'입니다. 동사에 따라 목적어의 격이 달라지는 러시아어 동사의 특성에 착안하여 각각의 격별로 동사를 정리하였고 예문을 제시했습니다. 2장은 '주요 동사구 표현'입니다. 문어체에서 자주 쓰이는 주요 동사 표현을 골라서 예문과 함께 익힐 수 있도록 구성했습니다. 3장에서는 '자주 쓰이는 동사 관용어구'를 정리하였습니다. 동사와 다른 품사가 결합하여 전혀 다른 의미가 형성되는 관용어구를 모아 적절한 예문을 통해 익힐 수 있도록 했습니다. 그리고 4장과 5장에서는 동사 표현들의 실제 활용을 위해 편지나 이메일에서 자주 쓰이는 일상의 의사소통 표현법과 상업 통신문을 실었습니다. 이 책에 수록한 표제 문장과 예문들은 **Учёный словарь сочетаемости слов русского языка** 사전을 비롯한 다양한 러시아 문헌, 문학 작품 그리고 인터넷 문서에서 뽑았습니다.

외국어 공부에는 왕도가 없습니다. 시간 나는 대로 읽고 쓰고 암기하고 상황에 맞게 부려 쓰는 과정을 반복해야 하겠습니다. 반복에 반복을 거듭하다 보면 어느덧 자기도 모르게 자연스런 표현으로 나오게 되겠지요. 아무쪼록 이 책을 통해 러시아어를 공부하는 여러분들이 풍부하고 멋진 러시아어 표현을 자유자재로 구사할 수 있기를 바랍니다.

책이 나오기까지 주위 여러분의 조언과 도움이 있었습니다. 동사 구문 정리의 최초 아이디어를 내시고 많은 자료를 흔쾌히 건네주신 표상용 교수님, 오랜 기간 책의 구성과 내용을 함께 고민하고 원고 정리를 도와주신 송해정 선생님, 초면임에도 불구하고 거친 원고를 꼼꼼히 감수해주신 끼릴 예르마꼬프 선생님께 깊은 감사를 드립니다.

2009년 5월
장 한

목차

I 격으로 익히는 동사 표현

러시아어 동사가 목적어를 수반할 때 동사에 따라 각각 특성한 격을 요구한다. 이때 동사가 어떤 격을 지배하는가의 문제는 동사의 의미에 따라 결정되는 경우도 있지만 대부분 동사의 고유한 속성에 따라 결정된다. 우선 소유격 목적어를 지배하는 동사들부터 살펴보자.

소유격 지배 동사

두려움, 회피, 취득, 달성, 기다림, 기대, 요구의 의미를 갖는 다음의 동사들은 소유격 목적어를 지배한다.

бояться/побояться *(кого/чего; что)*: ～를 무서워하다, 두려워하다
избегать/избежать *(кого/чего)*: ～를 피하다, 회피하다
стесняться/постесняться *(кого/чего)*: ～를 꺼리다
добиваться/добиться *(чего)*: ～에 이르다, 다다르다, ～을 얻다, 달성하다
достигать/достигнуть *(чего)*: ～에 이르다, ～을 얻다
ждать/подождать *(чего)*: ～을 기다리다
дожидаться/дождаться *(кого/чего)*: ～를 기대하며 기다리다
искать/поискать *(кого/чего)*: ～를 찾다
требовать/потребовать *(чего; что)*: ～를 요구하다
просить/попросить *(чего; что)*: ～를 구하다
хотеть/захотеть *(чего)*: ～를 원하다
желать/пожелать *(чего)*: ～을 바라다, 희망하다
касаться/коснуться *(кого/чего)*: ～을 건드리다, ～과 관계가 있다
слушаться/послушаться *(кого; что)*: ～의 말을 귀담아 듣다, ～에게 복종하다

01 나는 개를 아주 무서워한다.

- 무서워하다 бояться/побояться＋소유격
- 개 собака

러시아어 표현

Я очень боюсь собак.

예문

어린 시절에 그는 아버지를 아주 무서워했다.

➡ В детстве он очень боялся отца.

※ 참고

* бояться/побояться＋목적격도 가능하다. 이 경우 뉘앙스의 차이가 있다.
Я очень боюсь эту собаку.(목적격: 원래 이 개를 두려워한다)
Я очень боюсь этой собаки.(소유격: 이 개가 혹시 공격할까 봐 두렵다)

02 그녀는 대화를 피했다.

어휘

- 사람이나 사물을 피하다, 회피하다 **избегать/избежать** + 소유격
- 대화 **разговор**

러시아어 표현

Она избегала **разговора**.

예문

네가 나를 피하는 것 같은데……

➡ Мне кажется, что ты **меня** избегаешь.

03 그녀는 항상 낯선 사람들을 꺼린다.

어휘

- 꺼리다 **стесняться/постесняться** + 소유격
- 낯선 사람들 **чужие люди**

Она всегда стесняется чужих людей.

예문

1. 그는 자신의 외국어 악센트를 꺼려한다.

⇒ Он стесняется **своего иностранного акцента**.

2. 자신의 알몸을 꺼리지 마세요! 다이어트를 전혀 하지 않은 근사한 몸매의
   열 가지 비밀.

⇒ Не стесняйтесь **своей наготы**! Десять секретов великолепного
   тела без всяких диет.

• 알몸, 벌거숭이 нагота   • 식이요법 диета

• 근사한, 멋진, 훌륭한 великолепный

※ 참고

---

* 동사 **бояться/побояться** 그리고 **стесняться/постесняться**의 목적어로 동사 원형이 올 수도
있다.

1. 당신은 감기 걸리는 것이 두렵지 않으세요?
Вы не боитесь простудиться?
• 감기에 걸리다 простужаться/простудиться < 감기 простуда

2. 필요할 때 저한테 도움을 요청하는 것을 꺼리지 마세요.
Не стесняйтесь обратиться ко мне, когда понадобится.
• (부탁, 바람, 질문 등) ~에게 말을 걸다, 호소하다 обращаться/обратиться к + 수여격
• 필요하다, 요구되다 понадобиться(불완료상 동사인 надобиться는 거의 쓰이지 않는다. 부사형
надобно는 쓴다)

---

04 그렇게 빛나는 결과들을 그는 불굴의 노력으로 달성했다.

어휘

- 달성하다, 얻다 добиваться/добиться | 소유격
- 빛나는 결과들 блестящие результаты
- 불굴의 노력 упорный труд

러시아어 표현

Таких блестящих результатов он добился упорным трудом.

예문

1. 우리는 업무에서 좋은 결과를 달성했다.

➡ Мы достигли хороших результатов в работе.

2. 나는 인생에서 아무것도 얻지 못했다.

➡ Я так и не достиг ничего в жизни.

05 당신의 대답을 기다리겠습니다.

어휘

• 기다리다 ждать/подождать；дождаться + 소유격

러시아어 표현

Я буду ждать вашего ответа.

예문

1. 나를 기다리고 있어, 돌아올테니.

→ Жди меня, и я вернусь.

• (되)돌아가다 вернуться (완료상)

2. 나는 전철역 입구에서 너를 기다릴 거야.

→ Я буду ждать тебя у входа в метро.

* дождаться는 '기대했던 결과가 충족될 때까지 오랜 시간을 기다리다'의 의미를 가지고 있다.

1. 결국 나는 너를 끝까지 기다렸어. 네가 왔으니까.
Наконец-то я дождался тебя! Ты пришёл.

* ждать/подождать의 목적어가 구체적인 대상이라면 목적격을 지배한다.

2. 그녀는 엄마와 할머니를 기다렸나.
Она ждала маму и бабушку.

06 그곳에 가기 전에 먼저 아버지께 충고를 구하렴.

어휘 및 표현

- ～하기 전에 먼저 **прежде, чем** + 주어 + 동사
- 충고를 구하다 **спрашивать/спросить совета**(소유격)

러시아어 표현

Прежде, чем идти туда, спроси совета у отца.

* искать(~를 찾다), просить/попросить(~를 요청하다), спрашивать/спросить(~를 구하다), требовать/потребовать(~를 요구하다), хотеть/захотеть(~를 원하다) 동사는 목적어가 막연하고 추상적인 대상이면 소유격을 취하지만, 구체적이고 특정한 대상이면 목적격을 취한다.

1. 이 일은 많은 집중력을 요구한다.
Эта работа требует большого внимания.(소유격: 추상명사)

2. 그녀는 친구에게 충고를 부탁했다.
Она спросила совета у друга.(소유격: 추상명사)

3. 아버지께 도움을 요청하렴.
Попроси помощи у отца!(소유격: 추상명사)

4. 그녀는 서점에 이 책을 요청했다.
Она спросила эту книгу в книжной лавке.(목적격: 구체적 목적어)

---

07 화내지 마세요. 저는 단지 당신께 좋은 일이 있기만 바랄 뿐입니다.

어휘

- ~을 바라다 желать/пожелать + 소유격
- 노하다, 화내다 сердиться
- 선(善), 좋은 것 добро(명사)

Не сердитесь: я вам только добра желаю.

예문

1. 당신의 행복을 빌겠습니다.

➡ Разрешите мне пожелать Вам счастья.

• 허락하다 разрешать/разрешить
• 바라다, 희망하다 желать/пожелать

2. 좋은 여행이 되길 빕니다.

➡ Желаю Вам счастливого пути!

• 행복 счастье
• 여행 중 무사하기를! 좋은 여행이 되기를! Счастливого пути!

---

08 나는 누군가 내 어깨를 건드리는 것을 느꼈다.

어휘

• 누군가 кто-то
• 어깨 плечо
• ~을 건드리다: ~과 관계가 있다 касаться/коснуться + 소유격
• 느끼다 чувствовать/почувствовать

Я почувствовал, как кто-то касается моего плеча.

예문

1. 그들은 이 문제를 약간 건드렸다.

⇒ Они слегка коснулись этого вопроса.

• 약간 слегка (부사)

2. 이것은 나와는 전혀 상관없는 일이다.

⇒ Это меня совершенно не касается.

• 완전히, 전혀 совершенно

09 어머니 말씀에 복종해야 한다.

어휘

• ~에게 복종하다, ~의 말을 고분고분(귀담아) 듣다 слушаться/послушаться
+ 소유격

러시아어 표현

Надо слушаться матери.

26

1. 너는 내 충고를 귀담아 듣지 않았다.

➡ Ты не послушался моего совета.

2. 내 충고를 들으세요!

➡ Послушайтесь моего совета!

3. 나는 당신이 하라는 대로 그와 함께 떠날 지 아직 결정하지 않았다.

➡ Я еще не решил, слушаться ли мне вас и ехать ли с ним.

※ 참고

---

* 구어체에서 여성명사가 목적어로 오면 목적격을 쓸 수 있다.

1. 아이는 할머니에게 전혀 복종하지 않는다.
Ребёнок совсем не слушается бабушку.

2. 그는 오직 누나 말만 듣는다.
Только старшую сестру он ещё и слушается.

---

10 어머니는 고기, 야채, 소금, 설탕을 조금씩 구입하셨다.

러시아어 표현

Мать купила мяса, овощей, соли, сахару.

※ 참고

* 목적어가 대상의 일부분을 나타낼 때는 '소유격'을, 대상의 전체를 나타낼 때는 '목적격'을 취한다. (부분소유격)

1. 우유 조금 마셔!
Выпей молока! (소유격: 일부)

2. 우유 다 마셔!
Выпей молоко! (목적격: 전체)

11 내 친구는 이 영화를 아직 보지 않았다.

러시아어 표현

Мой друг ещё не видел этого фильма.

* 부정문에서 타동사의 목적어는 목적격이 아닌 소유격을 취한다. (부정소유격)

1. 나는 열쇠를 찾지 못했다.
Я не нашёл ключа.

2. 그녀는 단 한마디도 하지 않았다.
Она не сказала ни одного слова.

3. 그녀는 무서움을 모른다.
Она не знает страха.

수여격 지배 동사

다음의 동사들은 수여격 목적어를 지배한다.

верить/поверить *(кому/чему; в кого/во что)*: ~를 믿다
доверять/доверить *(кому/чему)*: ~를 신뢰하다
грозить/погрозить *(кому/чему)*: ~를 위협하다, 협박하다
угрожать *(кому/чему)*: ~를 위협하다
завидовать/позавидовать *(кому/чему)*: ~를 부러워하다, 질투하다
запрещать/запретить *(кому/чему)*: ~를 금지하다
мешать/помешать *(кому/чему)*: ~를 방해하다
надоедать/надоесть *(кому/чему)*: ~를 싫증나게 하다
напоминать/напомнить *(кому/чему)* : ~에게 ~를 상기시키다
подражать *(кому/чему)*: ~를 모방하다
подходить/подойти *(кому/чему)*: ~에 적합하다
радоваться/обрадоваться *(кому/чему)* : ~를 기뻐하다
удивляться/удивиться *(кому/чему)* : ~에 놀라다
следовать/последовать *(кому/чему)*: ~를 따르다
сочувствовать/посочувствовать *(кому/чему)*: ~를 동정하다
учить/научить *(кого) (чему)* : ~에게 ~을 가르치다

01 나는 이 사람을(이 사람의 말을) 믿지 않는다.

어휘

- 믿다 верить/поверить + 수여격
- 이 사람 этот человек

러시아어 표현

Я этому человеку не верю.

예문

1. 소문을 믿지 마세요.

⇒ Не верьте слухам.

- 소문, 풍문 слух

2. 나는 내 눈을 믿을 수 없었다.(지금 보는 장면이 환상이 아닌 가 의심할 정도로 놀란 상태)

⇒ Я не верил своим глазам.

3. 모든 사람들을 믿어서는 안 된다.

⇒ Нельзя доверять всем людям.

верить/поверить *(в кого/во что)* : ~의 존재, 능력을 믿다

1. Вы верите в Бога?
당신은 신의 존재를 믿으시나요?

2. Я верю в Антона. Он обязательно займёт первое место.
나는 안톤을(안톤의 능력을) 믿는다. 그는 반드시 1등을 할 것이다.

02 결핵이 그를 위협하고 있다.

어휘

• 위협하다 грозить/погрозить/угрожать (불완료상) + 수여격
• 결핵 туберкулёз

러시아어 표현

Ему угрожает туберкулёз.

예문

1. 너, 나를 위협하지마! 너 정도는 안 무서워.

➡ Ты мне не грози! Я тебя не боюсь.

• 위협하지 마!, 겁주지 마! Не грози! (грози는 грозить의 명령형)

2. 봉쇄가 도시를 위협했다.

⇒ Городу угрожала блокада.

• 봉쇄 блокада

---

03 나는 너의 침착함과 인내심이 부럽다.

어휘

• 부러워하다 завидовать/позавидовать + 수여격

• 평온, 침착 спокойствие

• 인내심 выдержка

러시아어 표현

Я завидую твоему спокойствию и выдержке.

예문

1. 나는 당신이 부럽지 않습니다.

('당신은 궁지에 빠졌군요. 내가 당신과 같은 상태가 아닌 것이 다행이에요'의
뉘앙스)

⇒ Я вам не завидую.

2. 정말로 너는 그의 성공이 부러운 거냐?

➡ Неужели ты завидуешь его успехам?

04 눈이 우리가 교외로 나가는 것을 방해했다.

어휘

• 방해하다, 막다 мешать/помешать + 수여격
• 교외로 나가다(차를 타고) ехать за город

러시아어 표현

Снег помешал нам поехать за город.

※ 참고

* мешать/помешать(~가 ~하는 것을 방해하다), запрещать/запретить(~가 ~하는 것을 금지하다) 동사의 간접목적어는 수여격이 되고 직접목적어는 동사 원형이 된다.

1. 내가 공부하는 것을 방해하지 마세요.
Не мешайте мне заниматься.

2. 당신은 대화로 우리가 일하는 것을 방해하고 있습니다.
Своими разговорами вы мешаете нам работать.

3. 당신은 내가 내 생각을 말하는 것을 막을 수 없습니다.
Вы не можете мне запретить говорить то, что я думаю.

05 나는 이 요리에 완전히 싫증났다.

어휘

• ~를 진저리나게 만들다, ~를 싫증나게 하다 надоедать/надоесть + 수여격(우리말로 옮길 때는 '누가(수여격 목적어) 무엇에(주격 주어) 싫증이 나다, 진저리가 나다' 식으로 번역하는 것이 무난하다).

• 요리 блюдо

• 완전히 совершенно; до предела

러시아어 표현

Это блюдо мне до предела надоело.

예문

1. 나는 그가 죽도록 지겹다.

➡ Он мне до смерти надоел.

2. 그의 부탁들에 진저리가 난다.

➡ Он мне надоедает своими просьбами.

3. 이 말을 듣는 것이 지겨워서 나는 가버렸다.

➡ Мне надоело это слушать, и я ушёл.

06 오늘 회의에 대해 당신께 상기시키고 싶군요.

어휘

• 상기시키다 напоминать/напомнить + 수여격('주어가 목적어에게 어떤 행위(동사 원형)나 대상(명사)을 기억하도록 만들다'의 의미를 갖는다)

• 회의 заседание

러시아어 표현

Хочу напомнить вам о сегодняшнем заседании.

예문

1. 당신은 내 형을 아주 생각나게 만듭니다. ('형을 닮았다'는 뉘앙스)

➡ Вы мне очень напоминаете моего брата.

2. 약간의 빵을 사오는 것을 나에게 상기시켜 주세요.

➡ Напомните мне купить хлеба!*

3. 이바노프에게 오라고 상기시켜주세요!

➡ Напомните Иванову, чтобы он пришёл.

(이미 이바노프는 와야 된다는 것을 알고 있지만 다시 한 번 상기시켜 달라는 의미)

* 타동사의 목적어로 차나 우유, 물, 빵처럼 전체의 일부분을 나타내는 명사가 올 때 소유격을
쓴다.

1. 물 좀 주세요.
Дайте, пожалуйста, воды.

2. 나는 우유를 조금 마셨다. (일정하지 않은 양)
Я выпил молока.

3. 나는 약간의 버터와 빵을 샀다. (일정하지 않은 양)
Я купил масла и хлеба.

07 아이들은 어른을 모방하기를 좋아한다.

어휘

- (사람, 사물을) 모방하다 подражать + 수여격
- 아이들 дети
- 어른들 взрослые

러시아어 표현

Дети любят подражать взрослым.

예문

1. 그를 따라하지 마세요.

➡ Не подражайте ему.

2. 그들은 우리의 방법을 모방하고 있다.

➡ Они подражают нашим методам.

08 아버지는 아들의 편지에 기뻐했다.

어휘

~(에)를 기뻐하다 радоваться/обрадоваться + 수여격

진심으로 искренне

러시아어 표현

Отец обрадовался письму сына.

예문

1. 너는 무엇이 그렇게 기쁜 거니?

➡ Чему ты так радуешься?

2. 나는 당신의 행복을 정말 기뻐하고 있습니다.

➡ Я искренне радуюсь вашему счастью.

09 우리 모두 그의 신선한 모습에 놀랐다.

어휘

- ~에 놀라다 удивляться/удивиться + 수여격
- 신선한 свежий
- 모습, 형태 вид

러시아어 표현

Мы все удивились его свежему виду.

예문

1. 나는 그의 우둔한 행동이 아주 놀랍다.

➡ Я не перестаю удивляться его глупому поведению.

- 멍청한 행동 глупое поведение

2. 보아하니 그녀는 익숙하지 않은 만남에 대해 놀란 것 같았다.

➡ Она, видимо, удивилась непривычной для неё встрече.

- 보아하니, 아마도 видимо

- 익숙하지 않은 непривычный

※ 참고

* 타동사 удивлять/удивить는 '~를 놀라게 만들다'의 의미로 목적격을 지배한다.

1. 그는 준엄한 눈초리로 나를 놀라게 만들었다.
Он удивил меня своим суровым взглядом.
- 준엄한 시선 суровый взгляд

10 당신은 의사의 지시를 따르기를 바랍니다.

어휘

- 따르다 следовать/последовать + 수여격
- 지시, 지침 предписание

러시아어 표현

Следуйте предписаниям врача.

예문

1. 아들은 아버지의 모범을 따랐다.

➡ Сын последовал примеру отца.

* следовать/последовать за + 도구격은 '~의 뒤를 따라가다'라는 의미가 더 강하다.

1. 나를 따르시오.
Следуйте за мной.

2. 사악한 노인이 어느 곳에서나 그의 뒤를 따라 다녔다.
Злой старик следовал за ним повсюду.

---

11 그는 다른 사람의 슬픔을 동정하지 않는다.

어휘

- ~를 동정하다, 감정을 함께 느끼다 сочувствовать/посочувствовать + 수여격
- 슬픔 горе

러시아어 표현

Он не сочувствует чужому горю.

예문

1. 당신의 슬픔에 공감합니다.

➡ Я сочувствую вашему горю.

2. 나는 당신을 이해합니다.

➡ Я вам очень сочувствую.

12 그녀는 학생들에게 러시아어를 가르친다.

어휘

- A에게 B를 가르치다 **учить/научить** *кого*(A) *чему*(B)
- * **учить/научить** 동사는 간접목적어(사람)로 목적격을, 직접목적어(사물, 과목)로 수여격을 취한다.

러시아어 표현

Она учит студентов русскому языку.

예문

1. 그에게 언어(외국어)와 음악을 가르칠 시기가 왔다.

➡ Наступила пора учить его языкам и музыке. (И. Тургенев)

2. 누가 당신에게 러시아어를 가르쳤지요?

➡ Кто вас учил русскому языку?

※참고

> * **учить/научить**의 직접목적어로 동사 원형이 올 수 있다.
>
> 톨스토이는 사람들에게 악에 저항하지 말 것을 가르쳤다.
> Толстой учил людей не сопротивляться злу.

도구격 지배 동사

다음의 동사들은 도구격 목적어를 지배한다.

болеть/заболеть *(кем/чем)* ~을 앓다

быть;стать *(кем/чем)* ~이다; ~이 되다

владеть/овладеть *(кем/чем)* ~를 지배하다; ~를 자유롭게 구사하다

возмущаться/возмутиться *(кем/чем)* ~에 분개하다, 격앙하다

восхищаться/восхититься *(кем/чем)* ~에 매혹되다

делаться/сделаться *(кем/чем)* ~이다. (어떤 상태가) 되다

делиться/поделиться *(кем/чем)* ~로 나뉘다

гордиться *(кем/чем)* ~에 자부심을 갖다

жертвовать/пожертвовать *(кем/чем)* ~을 희생하다

заведовать *(чем)* ~을 관리하다

заниматься/заняться *(кем/чем)* ~을 공부하다, 연습하다; ~에 종사하다

заражаться/заразиться *(чем)* ~에 감염되다

интересоваться/заинтересоваться *(кем/чем)* ~에 관심 갖다

командовать *(кем/чем)* ~을 지휘하다

казаться/показаться *(кем/чем)* ~로 보이다; ~이다

меняться/поменяться *(кем/чем)* ~을 바꾸다, 교환하다

называть/назвать *(кем/чем)* ~라고 부르다

называться/назваться *(кем/чем)* ~라고 불리어지다

обладать *(кем/чем)* ~을 갖다, ~을 점유하다

оказываться/оказаться *(кем/чем)* ~이다, ~로 판명되다

оставаться/остаться *(кем/чем)* ~로 남다, ~의 상태로 있다

отличаться/отличиться *(чем)* (어떤 점에서) 차이가 나다, 다르다

пахнуть/запахнуть *(кем/чем)* (어떤) 냄새가 나다

пользоваться/воспользоваться *(кем/чем)* ~을 이용하다, 활용하다

притворяться/притвориться *(кем/чем)* ~인 체하다

руководить *(кем/чем)* ~을 이끌다, 지도하다

считать/посчитать *(кого/что) (кем/чем)* ~을 ~으로 간주하다

увлекаться/увлечься *(кем/чем)* ~에 열중(몰두)하다. ~에 푹 빠지다

управлять *(кем/чем)* ~를 조종하다, 관리하다

являться/явиться *(кем/чем)* ~이다

01 요즘 사람들은 결핵에 잘 걸리지 않는다.

어휘

- ~(병)을 앓다 болеть/заболеть + 도구격

- 요즘 в наше время

- 결핵 туберкулёз

러시아어 표현

В наше время люди редко болеют туберкулёзом.

예문

1. 나의 여자 친구는 빈혈에 걸렸다.

➡ Моя подруга заболела малокровием.

- 빈혈 малокровие

참고

---

* болеть душой는 '걱정하다, 애를 태우다'의 의미를 갖는다.

1. 어머니는 아이를 걱정한다.
Мать душой болеет за ребёнка.

2. 나는 그 여자 때문에 애가 탄다.
Я за неё душой болею.

---

02 한때 그는 좋은 남편이었다.

어휘

- ~이 되다 **быть** : **стать** +도구격

* 대상이 직업이나 직책을 나타내거나 과거의 어떤 상태를 표현할 때 도구격 목적어를 취한다. (과거시제와 미래시제에서 사용)

- 한때, 언젠가 **когда-то**

- 남편 **муж**

러시아어 표현

Когда-то он был хорошим мужем.

예문

1. 그는 장관이 될 것이다.

➡ Он будет министром.

- 장관 **министр**

2. 그녀는 오페라 가수였다.

➡ Она была оперной певицей.

- 오페라 여가수 **оперная певица**

3. 한때 그는 훌륭한 배우였다.

→ Когда-то он был хорошим артистом.

• 배우 артист

03 그녀는 세 가지 외국어를 훌륭히 구사한다.

어휘

• 자유롭게 구사하다, 마스터하다; 지배하다 владеть/овладеть + 도구격

• 훌륭하게 прекрасно

• 외국어 иностранный язык

러시아어 표현

Она прекрасно владеет тремя иностранными языками.

예문

1. 최근까지 이 영토는 영국이 지배했다.

→ До недавнего времени этой территорией владела Англия.

• 최근까지 до недавнего времени

• 영토 территория

2. 그는 운동시합의 모든 기술을 구사한다.

➡ Он владеет всеми приёмами спортивной борьбы.

• 기술, 기법 приём

3. 30분 동안 강사는 청중의 관심을 완전히 휘어잡았다.

➡ В течение полутора часов лектор совершенно владел вниманием
аудитории.

• ~동안 в течение + 소유격

• 강사 лектор

• 완전히 совершенно

• 청중 (집합명사) аудитория

---

04 이 사람의 행동에 대해 분개하지 않을 수 없다.

어휘

• ~에 분개하다, ~에 격앙하다 возмущаться/возмутиться + 도구격
• ~하지 않을 수 없다 нельзя не +inf.

러시아어 표현

Нельзя не возмущаться поведением этого человека.

1. 모두 아이들의 행동에 분개했다.

➡ Все возмутились поведением детей.

2. 나는 당신의 비겁함에 화가 치민다.

➡ Я возмущаюсь вашей трусостью.

• 비겁함, 소심함 трусость (여성명사)

참고

---

* возмущаться/возмутиться는 목적어 없이 쓰일 수도 있다.

1. 그의 행동에 대해 들었을 때 우리 모두는 분개했다.
Все мы возмутились, когда услышали о его поступке.
• 행동 поведение, поступок

** 타동사 형태인 возмущать/возмутить는 '~를 분개시키다'의 의미로서 목적격 목적어를 취한다.

2. 그의 행동이 나를 격앙시킨다.
Меня возмущает его поведение.

---

05 모두들 그녀의 아름다운 목소리에 매혹되었다.

어휘

• ~에 매혹되다, ~에 황홀해지다 восхищаться/восхититься + 도구격

• 아름다운 목소리 красивый голос

Все были восхищены её красивым голосом.

1. 그녀가 여기서 무엇에 매혹되었는지 모르겠다.

➡ Я не понимаю, чем она тут восхищается!

2. 너의 인내심에 감탄이 나온다.

➡ Восхищаюсь твоей выдержкой.

• 인내심. 참을성 выдержка

* 타동사 형태인 восхищать/восхитить 는 '~를 매혹시키다'의 의미를 띠며 목적격을 지배한다.

1. 그의 겸손이 나를 감동시켰다.
Меня восхитила его скромность.
• 겸손, 소박 скромность (여성명사)

---

06 낮은 온도에서 이 물질은 쉽게 부서진다.

• ~이 되다 делаться/сделаться + 도구격

- 물질 вещество

- 낮은 온도 низкая температура

- 부서지기 쉬운 хрупкий

При низкой температуре это вещество делается хрупким.

예문

1. 아냐는 갑자기 슬픈 기분이 되고 생각이 많아졌다.

➡ Аня вдруг сделалась грустной, задумчивой.

- 슬픈. 침울한 грустный

- 생각에 잠긴 задумчивый

2. 그는 나의 좋은 친구가 되었다.

➡ Он становился для меня лучшим другом.

---

07 기꺼이 나의 지식을 너와 함께 나눌게.

어휘

- 나누다, 함께 하다 делиться/поделиться + 도구격(делиться/поделиться

동사는 '무엇을(чем) 누구와 함께(с кем) 나누어가지다'의 의미를 갖는다)

- 기꺼이 с удовольствием
- 지식 знание

Я с удовольствием поделюсь с тобой своими знаниями.

예문

1. 그는 자신의 모든 고생을 어머니와 함께 같이 했다.

⇒ Он всеми своими переживаниями делился с матерью.

- 고생 переживание

---

08 그녀는 표트르 페트로비치와의 우정에 대해 상당한 자부심을 갖고 있다.

어휘

- ~에 대해 자부심을 느끼다 гордиться + 도구격
- 우정 дружба; ~와의 우정 дружба с + 도구격

러시아어 표현

Она очень гордится дружбой с Петром Петровичем.

50

1. 우리 그룹은 달성한 성과들에 대해 당연히 자부심을 가지고 있다.

⇒ Наша группа по праву гордится достигнутыми успехами.

• 마땅히, 당연히, 정당하게 по праву

• 달성한 достигнутый 〈 (도달하다, 달성하다 достигать/достигнуть)

09 많은 사람들이 전쟁 중에 목숨을 바쳤다.

어휘

• ~을 바치다(기부하다), ~을 희생하다 жертвовать/пожертвовать + 도구격

• 전쟁 중에 на войне

• 목숨 жизнь

러시아어 표현

На войне многие пожертвовали своей жизнью.

예문

1. 당시에 우리는 이러한 대의(大義)를 위해 모든 것을 희생했다.

⇒ В то время мы жертвовали всем ради этой великой цели.

- 대의(大義) великая цель
- ～을 위하여, ～을 목적으로 ради + 소유격

2. 그들은 피난민들에게 은신처를 제공하려고 자신의 안락한 생활을 포기했다.

➡ Они жертвовали удобствами, чтобы приютить беженцев.

- 편리, 편의 시설; 안락한 삶 удобство
- 은신처를 제공하다 приютить (《 은신처, 안식처 приют)
- 피난자, 피난민 беженец

---

10 큰 회사를 관리하는 것은 쉽지 않다.

어휘

- ～을 관리하다, 지배하다; 담당하다 заведовать + 도구격

러시아어 표현

Не легко заведовать большой фирмой.

예문

1. 누가 이 시설을 관리합니까?

➡ Кто заведует этим учреждением?

- 기관, 기구, 시설 учреждение

11 화요일마다 우리 모임은 언어실습실에서 음성학을 공부한다.

- 공부하다, 일하다, 종사하다 заниматься/заняться + 도구격
- 화요일 마다 по вторникам
- 모임 группа
- 음성학 фонетика
- 언어실습실 лингафонный кабинет

러시아어 표현

По вторникам наша группа занимается фонетикой в лингафонном кабинете.

예문

1. 그는 그림 그리는 일을 진지하게 하기로 결심했다.

➡ Он решил серьёзно заняться рисованием.

- ~하기로 결심하다 решать/решить + inf.
- 그림그리기 рисование
- 진지하게 серьёзно

2. 레오니드 파블로비치는 퇴직 이후 원예일에 종사하기로 결심했다.

➡ Леонид Павлович после ухода на пенсию решил заняться цветоводством.

- 퇴직 уход на пенсию
- 원예(園藝) цветоводство, садоводство

12 나는 누이로부터 코감기에 감염되었다.

어휘

- ~에 감염되다, ~(병)에 걸리다 заражаться/заразиться + 도구격
- 코감기 насморк

러시아어 표현

Я заразился насморком от сестры.

예문

1. 오리는 조류독감에 감염되었다.

⇒ Утки заразились птичьим гриппом.

- 오리 утка (복수) утки
- 조류 독감 птичий грипп

참고

* 타동사는 **заражать/заразить**이며, '~으로 (도구격) ~을 (목적격) 감염시키다'의 의미를 갖는다.

1. 그는 자신의 에너지로 우리 모두를 감염시켰다.
Он нас всех заразил своей энергией.
- 활력, 에너지 энергия

13 그는 아무것에도 진지하게 관심을 갖지 않는다.

어휘

~에 관심(흥미)을 갖다 интересоваться/заинтересоваться + 도구격

러시아어 표현

Он ничем не интересуется серьёзно.

예문

1. 여기 우리가 있는 곳에서는 정치에 매우 관심이 높다.

➡ У нас здесь очень интересуются политикой.

참고

* интересоваться의 타동사 형태는 интересовать로서 '~가(주격) ~에게(목적격) 흥미(관심)을 느끼게 만들다'의 의미이다.

1. 이것이 당신의 흥미를 끄나요?
Это вас интересует?

2. 돈이 나의 관심을 끌지 않는다.
Деньги меня не интересуют.

14 김 장군이 이 연대를 지휘했다.

어휘

- 지휘하다, 명령하다 командовать + 도구격
- 장군 генерал
- 연대 полк（cf）부대 отряд

러시아어 표현

Генерал Ким командовал этим полком.

예문

1. 부대를 지휘한 사람은 빅토르였다.

➡ Отрядом командовал Виктор.

15 그는 나에게 완전히 아이로 보였다.

어휘

- ~로 보이다, ~로 여겨지다 казаться/показаться + 도구격(казаться/

показаться 동사는 '어떤 사람(*кто*)이나 사물(*что*)이 ~에게(*кому*) ~로(*кем/ чем*) 보이다(~이다)'의 의미이다)

- 완전히 совсем
- 아이 ребёнок

러시아어 표현

Он показался мне совсем ребёнком.

예문

1. 나는 소년이 총명하다는 것을 단번에 알아봤다.

➡ Мальчик сразу показался мне смышлёным.

- 총명한, 영리한 смышлёный

16 나는 친구와 시계를 교환했다.

어휘

- ~를 교환하다, 바꾸다 меняться/поменяться +도구격
- 시계 часы

Мы поменялись с другом часами.

예문

1. 우표를 교환합시다.

➡ Давайте меняться марками.

2. 방 바꾸기를 원하세요?

➡ Хотите поменяться комнатами?

참고

* 타동사 **менять/поменять**는 '교환하다', '환전하다'의 의미이며 전치사 **на**와 함께 쓴다.

1. 그녀는 책을 그림과 교환했다.
Она поменяла книгу на картину.

17 이 꽃은 은방울꽃이라 부른다.

어휘

• ～라고 부르다 называть/назвать + 도구격

- ～라고 불리어지다 называться/назваться + 도구격
- 은방울꽃 ландыш

Этот цветок называется ландышем.

예문

1. 그녀는 나보고 바보라고 했다.

➡ Она назвала меня дураком.

• 바보 дурак

2. 그는 자신의 이름이 바실리라고 했다.

➡ Он назвался Василием.

---

18 그는 사람을 설득하는 능력을 가지고 있었다.

어휘

- (능력, 재능)～을 갖다 : 점유하다 обладать + 도구격
- 설득하다, 납득시키다 убеждать/убедить + 목적격
- 능력, 재능 способность

Он обладал способностью убеждать людей.

예문

1. 나의 형은 좋은 청력을 가졌었다.

⇒ Мой брат обладал хорошим слухом.

• 청력 слух

---

19 그는 조용하고 겸손한 사람이었다.(알고 보니)

어휘

• ~이다, ~로 나타나다, ~로 판명되다 оказываться/оказаться + 도구격 (оказываться/оказаться 동사의 원래 의미는 '(기대하지 않았는데) ~로 나타나다, ~로 밝혀지다'이다. 하지만 문맥에 따라 영어의 be동사처럼 '~이다'와 같이 존재의 의미를 나타내기도 한다).
• 조용한 тихий
• 겸손한 скромный

러시아어 표현

Он оказался тихим, скромным человеком.

1. 과제는 꽤 복잡했다.(막상 해 보니)

➡ Задание оказалось довольно сложным.

• довольно (부사) 꽤, 아주

• сложный 복잡한

2. 이 메모를 한 사람은 레오니드 파블루비치로 밝혀졌다.

➡ Автором этой заметки оказался Леонид Павлович.

• заметка 메모

20 이 문제는 결정되지 않은 상태이다.

어휘

• ～로 남다, ～의 상태로 있다 оставаться/остаться + 도구격

• 결정되지 않은: 미해결의 нерешённый

러시아어 표현

Этот вопрос остаётся нерешённым.

1. 그는 다섯 살 때 고아가 되었다.

➡ Когда ему было пять лет, он остался сиротой.

• 고아 сирота

• 고아가 되다 остаться сиротой

21 그는 다른 사람들과 무엇이 다르죠?

어휘

• ~면에서 ~와 다르다 отличаться/отличиться + 도구격 + от + 소유격
(주어가 '(어떤 점)에서 (누구)와 다르다, 특출나다, (어떤 면)에서 (누구/무엇)에
비해 다르다' 의 표현은 отличаться/отличиться + 도구격 + от + 소유격을
쓴다).

러시아어 표현

Чем он отличается от других?

예문

1. 이 자동차들은 과거의 것들보다 훨씬 편하다는 점에서 다르다

➡ Эти автомобили отличаются от прежних большим комфортом.

* 비교의 대상 없이 주어의 특징을 나타낼 때는 **отличаться/отличиться** + 도구격을 쓴다.

1. 이 나라 기후는 습기가 많다는 것이 특징이다.
Климат этой страны отличается влажностью.
• 습기 **влажность**

2. 그녀는 놀라울 정도로 단정하다는 것이 특징이다.
Она отличается удивительной аккуратностью.
• 단정함, 말쑥함 **аккуратность**

22 이 향수에서 건초 냄새가 난다.

어휘

• （어떤）냄새가 나다 **пахнуть** + 도구격

• 향수 **духи**

• 건초 **сено**

러시아어 표현

Эти духи пахнут сеном.

예문

1. 그녀에게서 오데콜론과 박하 냄새가 났다.

➡ **От неё пахло одеколоном и мятой.**

- 오데콜론, 방향수 одеколон

- 박하 мята

2. 나한테서 나는 냄새는 마늘 냄새가 아니라 약 냄새야.

➡ Пахнет от меня не чесноком, а лекарствами.

- 마늘 чеснок
- 약 лекарство

---

23 시험에서 사전을 이용하는 것이 허용되었다.

어휘

- ~을 이용하다, 사용하다 пользоваться + 도구격
- 허용하다 разрешать/разрешить

러시아어 표현

На экзамене разрешили пользоваться словарём.

예문

1. 모든 사람은 전기기구를 이용할 줄 알아야 한다.

➡ Каждый человек должен уметь пользоваться электрическими приборами.

- 전기기구 электрический прибор

2. 당신은 부엌을 이용할 수 있을 겁니다.

➡ Вы сможете пользоваться кухней.

* пользоваться 동사가 '~를 즐기다, 향유하다'의 의미를 갖기도 한다.

1. 나는 낯선 사람의 도움을 받고 싶지 않다.
Я не люблю пользоваться чужими услугами.
• 봉사, 도움 услуга

---

24 그녀는 잠든 체했다.

어휘

• ~인 체하다, ~을 가장하다 притворяться/притвориться ＋ 도구격
• 잠든, 자고 있는 спящий （ 〈 잠자다 спать）

러시아어 표현

Она притворилась спящей.

예문

1. 그는 죽은 체했다. 이것이 그를 살렸다.

➡ Он притворился мёртвым, и это его спасло.

2. 나는 그를 믿지 않는다. 그는 환자인 체한다.

➡ Я ему не верю: он притворяется больным.

25 누가 당신들의 실습을 지도합니까?

- ~을 이끌다, 지도하다 **руководить** + 도구격
- 실습 **практическое занятие**

Кто руководит у вас практическими занятиями?

1. 나는 실습기간중 학생 단체를 지도하도록 위임받았다.

➡ Мне поручили руководить группой студентов во время практики.

- 위임하다 **поручать/поручить** + 수여격
- ~하는 때에 **во время** + 소유격
- 실습 **практика**

26 그는 이곳에서 으뜸가는 전문가로 간주되고 있다.

어휘

- ~로 여겨지다, ~로 간주되다: ~이다 **считаться** + 도구격
- 전문가 **специалист**: **спец**(구어체)

러시아어 표현

Он здесь считается первым спецом.

예문

1. 이고리는 훌륭한 사수(射手)로 간주되었다.

➡ **Игорь считался хорошим стрелком.**

- 사수(射手) **стрелок**

2. 동강은 여울이 많다. 따라서 거기에서 수영하는 것은 위험하다.

➡ **Река Донг порожистая, и плавание по ней считается опасным.**

- 급류가 있는, 여울이 많은 **порожистый** (〈 여울 **порог**)

- 수영 **плавание** 〈 **плавать**

- 위험한 **опасный**

27 라리사는 차이코프스키 음악에 푹 빠져있다.

어휘

~에 열중(몰두)하다, ~에 푹 빠지다 увлекаться/увлечься + 도구격

러시아어 표현

Лариса увлекается музыкой Чайковского.

예문

1. 당신 역시 테니스 광이세요?

→ Вы тоже увлекаетесь теннисом?

2. 아이들은 놀이에 열중한 나머지 날이 저무는 것도 몰랐다.

→ Ребята так увлекались игрой, что не заметили, как стемнело.

• 아이들 ребята

• 놀이 игра

• 알아차리다 замечать/заметить

• (날이) 저물다, 어두워지다 темнеть/стемнеть

28 선장은 확신을 가지고 배를 조종했다.

어휘

- ~를 조종하다, 관리하다 управлять + 도구격
- 선장 капитан
- 확신을 가지고 уверенно
- 배 судно

러시아어 표현

Капитан уверенно управлял судном.

예문

1. 그는 오케스트라를 지휘한다.

➡ Он управляет оркестром.

- 오케스트라 оркестр

2. 행정업무는 빅토르의 마음에 들었다. 그는 사람들을 관리하는 것을 좋아했다.

➡ Административная работа пришлась Виктору по душе. Ему нравилось управлять людьми.

- 행정의 административный
- ~의 마음에 들다, 좋아하다 нравиться + 수여격

29 자동차, 철강, 반도체의 주요 생산국으로서 한국은 세계의 선도적인 경제 강국이다.

어휘

- ~이다 являться + 도구격
- ~이면서, ~로 있으면서, ~이어서 будучи + 도구격
- 생산자 производитель (남성명사)
- 반도체 полупроводник (cf) проводник 도체
- 선도하는, 지도적인 ведущий (〈 이끌다 вести)
- 강국(强國) держава

러시아어 표현

Будучи крупнейшим производителем автомобилей, стали и полупроводников, Корея является ведущей экономической державой мира.

예문

1. 이 사실은 그의 자립심에 대한 확실한 증거이다.

Этот факт является убедительным доказательством его самостоятельности.

- 확실한 убедительный
- 증거 доказательство
- 자주성, 독립성 самостоятельность (여성명사)

2. 김 선생의 질문은 그녀에게는 전혀 뜻밖의 일이었다.

Вопрос господина Кима явился для неё полной неожиданностью.

• 의외 **неожиданность** (여성명사)

전치격 지배 동사

전치격 지배 동사는 매우 다양하며, 문장 내 동사에 따라 전치사와 격지배의
내용이 달라진다.

① **от** + 소유격

> **зависеть от** *(кого/чего)* : ~에 의존하다
> **защищать/защитить от** *(кого/чего)* : ~로부터 방어하다, 보호하다
> **избавлять/избавить от** *(кого/чего)* : ~로부터 구하다
> **освобождать/освободить от** *(кого/чего)* : ~로부터 자유롭게 하다
> **отказываться/отказаться от** *(кого/чего)* : ~을 거절하다
> **скрываться/скрыться от** *(кого/чего)* : ~로부터 숨다
> **спасать/спасти от** *(кого/чего)* : ~로부터 구하다
> **страдать/пострадать от** *(кого/чего)* : ~로 고생하다, ~로 어려움을 겪다

② **к** + 수여격

> **готовиться/приготовиться к** *(чему)* : ~을 준비하다
> **обращаться/обратиться к** *(кому/чему)* : ~에 주의를 돌리다; 말을 걸다
> **относиться/отнестись к** *(кому/чему)* : ~에 관계하다, ~과 관련을 맺다; 취급하다, 대하다; 생각하다
> **приближаться/приблизиться к** *(кому/чему)* : ~에 접근하다, 가까이 가다
> **привыкать/привыкнуть к** *(кому/чему)* : ~에 익숙해지다
> **прислушиваться/прислушаться к** *(кому/чему)* : ~을 경청하다, ~에 귀를 기울이다
> **стремиться/устремиться к** *(кому/чему)* : ~을 지향하다, ~을 하려고 노력하다; 도모하다;
> 달려가다

③ в + 목적격

> верить/поверить в *(кого/что)* : ~의 존재를 믿다
> играть/сыграть в *(что)* : 운동 경기를 하다
> одевать/одеть в *(что)* : 옷을 입히다
> стучать/постучать в *(что)* : 노크하다, 문을 두드리다=**стучать в дверь**
> ударять/ударить в *(что)* : ~을 치다, 때리다, ~에 부딪치다

④ за + 목적격

> браться/взяться за *(кого/что)* : ~을 시작하다, 착수하다
> приниматься/приняться за *(кого/что)* : ~을 시작하다, 착수하다
> извиняться/извиниться за *(кого/что)* : ~에 대해 사과하다, 변명하다
> мстить/отомстить за *(кого/что)* : ~에 대해 복수하다, 앙갚음하다
> ручаться/поручиться перед *(кем)* за *(кого/что)* : ~에게 ~를 보증하다

⑤ на + 목적격

> влиять/повлиять на *(кого/что)* : ~에 영향을 미치다
> делить/разделить *(что)* на *(кого/что)* : ~을 ~로 나누다
> жаловаться/пожаловаться на *(кого/что)* : ~을 불평하다
> менять/поменять;обменивать/обменять на *(кого/что)* : ~로 교환하다
> надеяться/понадеяться на *(кого/что)* : ~을 기대하다
> полагаться/положиться на *(кого/что)* : ~을 믿고 의지하다
> разбивать/разбить на *(кого/что)* : ~로 나누다
> распадаться/распасться на *(кого/что)* : ~로 분열하다
> сердиться/рассердиться на *(кого/что)* : ~에 대해 화내다
> соглашаться/согласиться на *(кого/что)* : ~에 대해 동의하다

⑥ за + 도구격

> гнаться/погнаться за *(кем/чем)* : ~을 추적하다, 뒤쫓다, 추구하다
> наблюдать/понаблюдать за *(кем/чем)* : ~을 관찰하다; ~을 감시하다
> следить/последить за *(кем/чем)* : ~을 뒤따르다, ~을 예의 주시하다, 추적하다
> следовать/последовать за *(кем/чем)* : ~을 뒤따르다
> смотреть/посмотреть, присматривать/присмотреть за *(кем/чем)* : ~을 주의깊게 살피다, 감시, 감독하다, 돌보다
> ухаживать/поухаживать за *(кем/чем)* : ~을 돌보다, 간호하다

⑦ над + 도구격

смеяться/посмеяться над *(кем/чем)* : ~을 비웃다
шутить/пошутить над *(кем/чем)* : ~을 장난삼아 놀리다, ~을 희롱하다

⑧ с + 도구격

встречаться/встретиться с *(кем/чем)* : ~와 만나다
граничить с *(чем)* : ~와 인접하다
здороваться/поздороваться с *(кем)* : ~와 인사하다
знакомиться/познакомиться с *(кем/чем)* : ~와 알게 되다
поздравлять/поздравить с *(кем/чем)* : ~을 축하하다
прощаться/проститься с *(кем/чем)* : ~와 헤어지다, ~와 작별인사를 하다
расставаться/расстаться с *(кем/чем)* : ~와 이별하다
советоваться/посоветоваться с *(кем)* : ~와 상의하다
справляться/справиться с *(кем/чем)* : ~을 처리하다, 다루다; 극복하다; 이기다

⑨ в + 전치격

нуждаться в *(ком/чём)* : ~을 필요로 하다
обвинять/обвинить *(кого)* в *(чём)* : ~를 ~에 대해 비난, 책망하다
признаваться/признаться в *(чём)* : ~을 인정하다, 고백하다
сомневаться/усомниться в *(ком/чём)* : ~에 대해 의심하다
убеждать/убедить в *(чём)* : ~을 확신시키다
убеждаться/убедиться в *(чём)* : ~에 대해 확신하다
участвовать в *(чём)* : ~에 참가, 참여하다

⑩ на + 전치격

жениться на *(ком)* : ~여자와 결혼하다
играть/сыграть на *(чём)* : ~악기를 연주하다

⑪ о + 전치격

беспокоиться/побеспокоиться о *(ком/чём)* : ~에 대해 염려하다
говорить о *(ком/чём)* : ~에 대해 말하다
думать о *(ком/чём)* : ~에 대해 생각하다
заботиться/позаботиться о *(ком/чём)* : ~에 대해 염려하다, 배려하다
мечтать о *(ком/чём)* : ~에 대해 상상하다, 꿈꾸다
плакать о *(ком/чём)* : ~에 대해 슬피 울다
справляться/справиться о *(ком/чём)* : ~에 대해 조회하다, 묻다
вспоминать/вспомнить о *(ком/чём)* : ~을 회상하다
забывать/забыть о *(ком/чём)* : ~을 잊다
напоминать/напомнить о *(ком/чём)* : ~을 상기시키다
рассказывать/рассказать о *(ком/чём)* : ~에 대해 이야기하다
спрашивать/спросить о *(ком/чём)* : ~을 묻다

다음의 동사들은 전치사 **от** + 소유격*(кого/чего)*을 지배한다.

01 그는 직장을 잡았고 물질적 측면에서 더 이상 그 누구에게도 의존하지 않는다.

어휘

- ~에 의존하다, ~에 의지하다 **зависеть** + **от** + 소유격
- 직장을 잡다 **поступать/поступить на работу** (〈 들어가다, 취업하다 **поступать/поступить**)
- 물질적 측면 **материальное отношение**
- 더 이상 ~않다 **больше не**

러시아어 표현

Он поступил на работу и в материальном отношении больше ни от кого не зависит.

예문

1. 우리 모임에서는 모든 게 나에게 달려있다.

➡ В нашей группе всё зависит от меня.

2. 가격은 상품의 품질에 달려있다.

⇒ Цена зависит от качества продукции.

3. 이 문제는 학생들의 결정에 따르게 될 것이다.

⇒ Эта проблема будет зависеть от решения студентов.

02 절벽이 바람으로부터 우리를 확실히 보호했다.

어휘

• ~를 ~로부터 방어하다, 보호하다 защищать/защитить + 목적격 + от + 소유격

• 절벽 скала

• 확실히 надёжно (〈 надёжный 확실한, 기대할 수 있는, 믿을 만한)

러시아어 표현

Скала надёжно защищала нас от ветра.

예문

1. 신은 우리를 보호해주시고 먹이시며 따뜻한 겨울을 보내주셨다.

⇒ Бог защищал нас, кормил нас и послал тёплую зиму.

• 먹이다, 양육하다 кормить

• 보내다 посылать/послать

2. 화폐위조자들로부터 우리를 보호할 방법은 무엇인가?

→ Что может защитать нас от фальшивомонетчиков?

• 화폐위조자 фальшивомонетчик

---

03 당신은 쓸데없는 귀찮은 일에서 나를 구해주었습니다.

어휘

• ～를 ～로부터 구하다 избавлять/избавить + 목적격 + от + 소유격
• 불필요한, 잉여의 лишний
• 성가신 일, 귀찮은 일 хлопоты (복수)

러시아어 표현

Вы избавили меня от лишних хлопот.

예문

1. 사랑에 빠진 나를 구해주세요!

→ Избавьте меня от любви!

2. 경비원이 나를 그 사람으로부터 구해주었다.

→ Охранник спас меня от него.

• 경비원, 수위 охранник

04 그를 이 의무에서 해방시켜야 한다.

어휘

- ~를 ~로부터 해방시키다, 자유롭게 만들다 освобождать/освободить + 목적격 + от + 소유격
- ~ 해야 한다 надо + inf.
- 의무, 책무 обязанность (여성명사)

러시아어 표현

Надо освободить его от этой обязанности.

예문

1. 올랴는 병 때문에 시험을 면제받았다.

➡ Олю освободили от экзаменов по болезни.

2. 통신서비스는 우리를 괴로운 고독감으로부터 해방시키고 있다.

➡ Услуги связи освобождают нас от гнетущего чувства одиночества.

- 고통스런, 괴로운 гнетущий (〈 гнести 압박하다, 괴롭히다)
- 고독감, 외로움 чувство одиночества

05 너는 왜 우리의 도움을 거절하는 거냐?

어휘

• ～을 거절하다, 거부하다 отказываться/отказаться + от + 소유격

러시아어 표현

Почему ты отказываешься от нашей помощи?

예문

1. 미군은 험머(군용지프)를 거부하고 있다. 미군은 험머에 질렸고 스마트 트럭 3로 바꾸기로 결정했다.

➡ Американская армия отказывается от джипа Hummer. Американским военным надоел джип Hummer и они решили заменить его на джип Smart Truck 3.

06 그 당시에 그는 자주 경찰을 피해 숨어있어야만 했다.

어휘

- ~로부터 숨다 скрываться/скрыться + от + 소유격
- 그 당시에 в те годы
- ~하지 않으면 안 된다 수여격 + приходиться/прийтись + inf.
- 경찰 полиция

러시아어 표현

В те годы ему часто приходилось скрываться от полиции.

예문

1. 그녀는 2주일간 경찰을 피해 다니고 있다.

⇒ Она вторую неделю скрывается от милиции.

2. 살인범은 11년 동안 법을 피해있었다.

⇒ Убийца 11 лет скрывался от правосудия.

- 살인자 убийца
- 법원 правосудие; суд

* скрывать/скрыть + от + 소유격 + 목적격 구문은 '~에게 ~을 숨기다, 감추다'의 의미가 된다.

1. 여성은 남성에게 자신의 과거를 숨기고 남성도 여성에게 그렇게 한다.
Женщина скрывает от мужчины свое прошлое, а мужчина скрывает от женщины своё.

2. 슬픔을 나에게 숨기지 마오...
Не скрывай от меня тоски...

---

07 가죽 외투는 비뿐만 아니라 바람도 훌륭히 막는다.

어휘

- ~로부터 구하다, 막다 спасать/спасти + от + 소유격
- 가죽 외투 кожаное пальто
- 훌륭하게 превосходно
- ~ 뿐만 아니라 ~도 не только ~ но и ~

러시아어 표현

Кожаное пальто превосходно спасает не только от дождя, но и от ветра.

예문

1. 특수 에어졸도 모기를 막지 못했다.

➡ От комаров не спасал даже специальный аэрозоль.

- 모기 комар
- 에어졸 аэрозоль (남성명사)

2. 맥주와 피자가 전립선암을 예방한다.

➡ Пиво и пицца спасают от рака простаты.

- 섭호선(攝護腺), 전립샘 простата

참고

* спасаться/спастись 동사도 전치사 от + 소유격을 취하며, '~로부터 구원받다, ~을 면하다, ~을 피하다'의 의미를 갖는다.

1. 아이들이 떠드는 소리에서 어떻게 벗어날 수 있을까?
Как спастись от детской болтовни?
- 수다, 잡담, 쓸데없는 이야기 болтовня

2. 주드로는 파파라치를 피해다닌다.
Джуд Лоу спасается от папарацци.
- 파파라치 папарацци

08 그들은 물 부족으로 큰 고생을 했다.

어휘

- ~로 고생하다, ~로 어려움을 겪다 страдать/пострадать + от + 소유격
- 부족, 결핍 нехватка

러시아어 표현

Они очень страдали от нехватки воды.

예문

1. 우리 일은 경험 있는 일꾼의 부족으로 어려움을 겪고 있다.

➡ Наша работа страдает от нехватки опытных работников.

2. 모니카는 10살인데 구역질과 구토로 고통 받고 있다.

➡ Монике 10 лет. Она страдает от тошноты и рвоты.

• 구역질 тошнота

• 구토 рвота

3. 관자놀이에 반점이 있는 사람은 줄곧 두통에 시달린다. 그는 뇌의 혈액순환에 뭔가 문제가 생겼을 수 있다.

➡ Человек с родинкой на виске часто страдает от головной боли, у него может быть что-то не в порядке с кровоснабжением мозга.

• 반점 родинка

• 관자놀이 висок

• 혈액순환 кровоснабжение

다음의 동사들은 전치사 к + 명사의 수여격을 요구한다.

01 당신은 어떤 교재들로 시험을 준비하고 있나요?

어휘

- ~을 준비하다 готовиться/приготовиться + к +수여격
- 어떤 교재들로 по каким учебникам
- 시험 экзамен

러시아어 표현

По каким учебникам вы готовитесь к экзамену?

예문

1. 안나는 미리 출발을 준비하고 있다.

➡ Анна заблаговременно готовится к отъезду.

- 사전에, 미리 заблаговременно
- 출발 отъезд

2. 펜티엄은 사양길에 접어들고 있다.

➡ Компьютеры серии 'Пентиум' готовятся к снятию с производства.

- 시리즈, 종 **серия**

- 단종(斷種) **снятие с производства**

3. 꽃밭은 겨울을 준비하고 있다.

➡ **Сад готовится к зиме.**

02 작업하는 과정에 우리는 사전과 여러 참고자료들을 꽤 자주 보아야만 했다.

어휘

- ~에 관심을 갖다, ~에 주의를 돌리다 **обращаться/обратиться + к +** 수여격

  - ~하는 과정에 **в процессе +** 소유격

  - 사전 **словарь**(남성명사)

  - 여러 가지의 **различный**

  - 참고자료 **справочный материал** (**справочный** 조회의, 문의의)

  - ~ 해야만 했다(원하지 않더라도) 수여격 + **пришлось +** inf.

  - 꽤 **довольно**

В процессе работы нам пришлось довольно часто обращаться к словарям и различным справочным материалам.

1. 이 문제들은 비서에게 문의하세요.

➡ С такими вопросами обращайтесь к секретарю.

• 비서(관) секретарь (남성명사)

2. 고전에 관심을 돌리자.

➡ Давайте обратимся к классике.

3. 이교도들은 젊은이들에게 관심을 갖고 있다.

➡ Сектанты обращаются к молодёжи.

• 이교도 сектант

4. 왜 전문가들에게 자문을 구할 필요가 있는가?

➡ Почему нужно обращаться к профессионалам?

• 전문가 профессионал

03 그는 나를 매우 주의 깊게 그러나 다정하게 대했다.

어휘

- ~를 대하다, ~에 관계하다, ~과 관련을 맺다 относиться + к + 수여격
- 관심 있게, 주의 깊게 внимательно
- 다정하게 дружески; с нежностью (남녀관계에서)

러시아어 표현

Он относился ко мне очень внимательно, но дружески.

예문

1. 이 일에 진지한 관심을 갖도록 노력하십시오.

➡ Постарайтесь серьёзно отнестись к этому делу.

- 노력하다 стараться / постараться + inf.
- 진지한 серьёзный 〉 진지하게 серьёзно

2. 한국 사람들이 외국인들을 외계에서 온 떠돌이로 대하기 시작한다면 큰 실수를 하는 것이다.

➡ Корейцы совершают очень большую ошибку, когда начинают относиться к иностранцу как к пришельцу с другой планеты.

- 타국인, 떠돌이 пришелец
- 유성(遊星), 행성 планета

04 화물 기차가 천천히 역에 접근했다.

어휘

- ~에 접근하다, ~에 가까이 가다 **приближаться/приблизиться** + **к** + 수여격
- 화물기차 **товарный поезд**
- 역 **станция**

러시아어 표현

К станции медленно приближался товарный поезд.

예문

1. 그는 자동차가 그에게 다가올 때까지 기다렸다가 손을 들었다.

➡ Он подождал, пока машина приблизилась к нему, и поднял руку.

- 기다리다 **ждать/подождать**
- 손을 들다 **поднимать/поднять руку**

2. 금세기 들어 그렇게 큰 운석이 지구에 그만큼 가깝게 접근한 적은 없었다.

➡ За нынешнее столетие такой большой метерит ещё не приближался к нашей планете на такое близкое расстояние.

- 100년, 1세기 **столетие**
- 운석 **метерит**

* приближаться/приблизиться는 전치사 없이 자동사로 쓸 수 있다.

1. 운명의 순간이 오고 있었다..
Роковая минута приближалась. (А. Пушкин)
• 운명의 순간 роковая минута (< 운명의 роковой < 운명 рок)

2. 가을이 가까이 왔고 오래된 정원은 조용하고 쓸쓸했다.
Приближалась осень, и в старом саду было тихо, грустно. (А. Чехов)
• 조용한 тихо
• 우울한 грустно

---

05 나는 도시 소음에 익숙해지는 것이 힘들었다.

어휘

• ～에 익숙해지다 привыкать/привыкнуть + к + 수여격

• 소음 шум

• ～하는 것이 힘들었다 수여격 + было трудно + inf.

러시아어 표현

Мне было трудно привыкнуть к городскому шуму.

예문

1. 집에 있는 모든 사람들은 그에게 익숙해졌다. 그의 태평스런 행동들, 말 수 적고 앞뒤가 맞지 않는 그의 말투에 익숙해졌다.

➡ Все в доме привыкли к нему, к его небрежным манерам, к его немногосложным и отрывочным речам. (И. Тургенев)

- 태연한, 태평한 небрежный
- 행동양식, 매너 манера
- 말이 짧은(몇 마디에 그치는) немногосложный
- 단편적인, 완전하지 않은; 앞뒤가 안 맞는 отрывочный (《 단편(斷片) отрывок)

2. 당신은 아이가 유치원에 적응하는 것을 돕기 위해 많은 일을 할 수 있습니다.

➡ Вы можете многое сделать, чтобы помочь своему ребёнку привыкнуть к детскому саду.

3. 사람들은 스팸메일에 익숙해졌다.

➡ Люди привыкли к спаму.

06 베라는 다가오는 기차의 소음에 귀를 기울였다.

어휘

- ~을 경청하다, ~에 귀를 기울이다 прислушиваться/прислушаться + к + 수여격

90

- 다가오는 기차 **приближающий поезд**

Вера прислушалась к шуму приближающегося поезда.

예문

1. 지구인들이 우주에서 오는 소리에 귀를 기울이기 시삭한나.

➡ Земляне начинают прислушиваться к звукам （из） космоса.

2. 당신의 몸에 귀 기울이세요.

➡ Прислушивайтесь к Вашему телу.

---

07 그들은 목표 달성을 위해 노력하고 있다.

어휘

- ~을 지향하다, ~을 하려고 노력하다 **стремиться** + к + 수여격
- 목표 달성 **достижение цели**

러시아어 표현

Они стремятся к достижению цели.

1. 사람은 개인주의를 추구한다.

➡ Человек стремится к индивидуализму.

• 개인주의 индивидуализм

2. 러시아 정부는 정보 공개를 추구한다.

➡ Российская власть стремится к информационной открытости.

• 정보 공개 информационная открытость

• 공개, 개설 открытость (cf) открытие는 발굴; 발명의 의미

③ в + 목적격

다음의 동사들은 전치사 в + 명사의 목적격을 요구한다.

01 우리는 인류의 밝은 미래를 믿는다.

어휘

• ~의 존재를 믿다 верить/поверить + в + (что)

• 밝은 светлый

• 미래 будущее(명사)

• 인류 человечество

Мы верим в светлое будущее человечества.

예문

1. 그는 신의 존재를 믿지 않는다.

➡ Он не верит в Бога.

2. 만약 인간이 신의 존재를 믿지 않는다면 그는 '사람들 사이에서 살아가야' 한다.

➡ Если человек не верит в Бога, то он должен 'жить среди людей'.

3. 도대체 누가 운명이 있다고 믿는단 말인가?

➡ Кто это верит в судьбу?

참고

> *   верить/поверить가 전치사 없이 수여격을 취하면 '사람을 믿다(정직함, 됨됨이)' 혹은 '진실(사실) 여부를 믿다'의 의미가 된다.
>
> 1. 우리는 더 이상 당신을 믿지 않습니다.
> Мы вам больше не верим.
>
> 2. 당신, 정말로, 이것을 믿으세요?
> Неужели вы, действительно, этому верите?

02 어린이 광장에서 아이들이 열심히 공놀이를 하고 있었다.

어휘

- 운동 경기를 하다 играть/сыграть + в + (*что*)
- 아이들 ребята(복수) ребёнок(단수)
- увлечённо 열중하여
- 공 мяч

러시아어 표현

На детской площадке ребята увлечённо играли в мяч.

예문

1. 매력적인 아가씨들이 해변에서 배구를 한다.

➡ Очаровательные девушки играют в волейбол на пляже.
- 매혹적인 очаровательный
- 물가, 해변 пляж

2. 젊은이들은 도미노 게임을 좋아하지 않는다. 아마도 할 줄 모르기 때문일 것이다.

➡ Молодёжь не любит играть в домино. Наверное, потому что не умеет.

- 젊은이 молодёжь (여성명사/집합명사)

- 도미노 домино

참고

> * играть + на + 전치격은 '악기를 연주하다'의 의미가 된다.
>
> 1. 그는 바이올린을 훌륭하게 연주한다.
> Он прекрасно играет на скрипке.
>
> 2. 로봇은 기타 네 개를 한꺼번에 연주한다.
> Робот играет на четырёх гитарах сразу.

03 그는 검정 양복을 입은 상태였다.

어휘

- 입은 상태였다 был(была, были) одет(одета, одеты) 〉 одет는 одеть 동사의 형동사 피동과거 단어미형이다.

러시아어 표현

Он был одет в чёрный костюм.

1. 로마의 말들은 의무적으로 바지를 입어야 했다.

⇒ Римские лошади должны были быть одеты в штаны.

• 바지 штаны

2. 오스트레일리아 펭귄은 스웨터를 입는다.

⇒ Австралийских пингвинов одевают в свитера.

• 펭귄 пингвин
• 스웨터 свитер

참고

* одеваться/одеться 동사도 전치사 в + 목적격을 취한다. 이때 뜻은 '옷을 입다, 감싸다, 두르다' 이다.

1. 그녀는 온통 새 옷을 입었다.
Она одевалась во всё новое.

2. 첼랴빈스크 동물원에서는 침팬지가 추위 때문에 외투를 입는다.
В Челябинском зоопарке из-за холодов шимпанзе одеваются в шинели.
• 동물원 зоопарк(зоологический парк)
• 침팬지 шимпанзе
• 외투 шинель(여성명사)

3. 학교는 건축용 목재에 둘러싸여 있다.
Школа одевается в леса.

04 노크 소리가 나지만 집주인은 문을 열지 않고 두려워하고 있다.

어휘

- 노크하다, 두드리다 **стучать/постучать** + **в** +목적격
- 집안사람들 **хозяева**(복수) 〈 **хозяин** 집주인, 주인(단수) : 여주인
  хозяйка(**домохозяйка**)
- (문, 빗장, 자물쇠를) 열다 **отпирать/отпереть**
- 무서워하다, 두려워하다 **бояться**

러시아어 표현

Стучат в дверь, но хозяева не отпирают, боятся.

예문

1. 비가 나의 창문을 두드린다.

➡ Дождь стучит в моё окно.

참고

> * **стучаться**동사는 '(들어가기 위해) 문을 두드리다; 다가오다, 임박하다'의 의미를 갖는데, 전치사
> **в** + 목적격을 취한다.
>
> 1. 겨울이 문 앞에 와있다.
> **Зима стучится в дверь.**
>
> 2. 조류독감이 유럽 문턱에 도달했다.
> **Птичий грипп стучится в Европу.**

05 경마장에서 종소리가 짧게 울렸다.

어휘

- ~을 치다, ~을 때리다, ~에 부딪치다 ударять/ударить + в + 목적격
- 경마장 ипподром
- 짧게 коротко
- 종 колокол

러시아어 표현

На ипподроме коротко ударили в колокол.*

예문

1. 그들은 북을 치고 있다.

➡ Они ударяют в барабан.

2. 눈이 양미간을 때렸고 바람이 양 볼을 스쳤다.

➡ Мороз ударил в переносицу, и ветер хлещет по щекам.

- 양미간 переносица
- 철썩 때리다. (바람이) 세차게 불다 хлестать/хлеснуть

* 화자의 주된 관심이 동작에 집중되고 행위자는 관심밖에 놓일 때는 주어가 생략되고 동사 3인칭 복수형이 쓰인다. 이러한 '부정(неопределённое) 인칭문'은 주어가 없으므로 행위자가 분명치 않은 문장이며, 상황에 따라 능동이나 피동으로 해석한다.

1. Говорят, что он болен.
그가 아프다고 한다.

2. В киоске продают газеты.
가판대에서 신문을 판다.

---

④ за + 목적격

다음의 동사들은 전치사 за + 명사의 목적격(что)을 요구한다.

---

01 내가 진짜로 공부에 착수할 시기다.

어휘

- ~을 시작하다, 착수하다 браться/взяться + за +목적격

- 학업, 공부 учёба

- ~ 할 시기이다 수여격 + пора + inf.

- 진정으로, 진짜로 по-настоящему

Мне пора по-настоящему взяться за учёбу.

예문

1. 할 줄 모르는 일에 착수하는 것을 두려워 마세요.

➡ Не бойтесь браться за то, что вы делать не умеете.

2. 그가 무슨 일을 시작해도 결과가 나오지 않는다.

➡ За что он ни возьмётся, ничего у него не выходит.

• 아무런 결과도 나오지 않는다 ничего не выходит; нет никакой отдачи

---

02 집에 들어오자마자 그녀는 곧바로 방 정리를 시작했다.

어휘

• ~에 착수하다, ~을 시작하다 приниматься/приняться + за + 목적격

• 곧바로 сразу

• 정돈, 정리 уборка

러시아어 표현

Придя домой, она сразу же принялась за уборку квартиры.

1. 세 사람 모두 먹기 시작했다.

➡ Все трое принялись за еду.

• 음식물, 먹는 것 еда

2. 일에 착수하기 전에 요기를 해야 했다.

➡ Прежде чем приняться за работу, следовало подкрепиться.

• ～ 해야 한다(무인칭동사) следовать

• (뭘 먹어) 원기를 북돋우다, 요기하다 подкрепляться/подкрепиться

---

03 저는 제가 한 말에 대해 당신 앞에 사과해야 합니다. 제가 화를
냈습니다.

어휘

• ～에 대해 사과하다, 변명하다 извиняться/извиниться ＋ за ＋ 목적격

• 화를 내다 горячиться/погорячиться

러시아어 표현

Я должен извиниться перед вами за свои слова: я погорячился.

1. 고이즈미는 일본이 아시아 사람들에게 야기한 고통에 대해 용서를 빌었다.

➡ Коидзуми извинился за страдания, принесённые Японией народам Азии.

• 고통 страдание

• 끼친, 야기한 принесённый; причинённый

• 가져오다, 주다, 행하다 приносить/принести

참고

> * 타동사 извинять/извинить + 전치사 за + 목적격은 '~에 대해 용서하다'의 의미를 갖는다.
>
> 1. 오랫동안 연락 못 드린 점 용서하세요. 편지 쓸 시간이 없었답니다.
> Извините меня за долгое молчание: не было времени написать письмо.

---

04 악에 대해 악으로 복수하지 말라.

어휘

• ~에 대해 복수하다, 앙갚음하다 мстить/отомстить + за+ 목적격

• 악(惡), 악의(惡意) зло

러시아어 표현

Не мсти злом за зло. (= Не отвечай злом на зло.)

1. 전쟁에서 사망한 자들에 대해 누가 복수할 것인가?

➡ Кто будет мстить за убитых в войне?

• 사망자(死亡者) убитый (《 죽이다, 살해하다 убить)

---

05 나는 그 사람을 보증할 수 있다.

~을 믿다, 보증하다 ручаться/поручиться + 수여격 + за + 목적격

Я могу за него поручиться.

1. 나는 이 사이트의 방문자 전부를 보증할 수 없다.

➡ Я не могу ручаться за всех посетителей этого сайта.

다음의 동사들은 전치사 **на** + 목적격(*кого/что*) 을 지배한다.

01 태양광선은 식물의 성장과 발달에 유익한 영향을 미친다.

어휘

- ~에 영향을 미치다 влиять/повлиять + на + 목적격
- 태양광선 солнечные лучи
- 식물 растение
- 유익하게 благотворно

러시아어 표현

Солнечные лучи благотворно влияют на рост и развитие растений.

예문

1. 스스로 모범을 보여 아들에게 영향을 주도록 노력하세요.

➡ Попробуйте повлиять на сына собственным примером.

- ~하도록 노력하세요 попробуйте + inf.
- 스스로 모범을 보여 собственным примером (〈 자기 자신의 собственный)
- 예, 전형, 모범 пример

2. 이 첫 경험은 우리의 성격과 다른 사람들과의 관계에 계속 영향을 준다.

⇒ Этот первый опыт продолжает влиять на наш характер и на наши отношения с другими людьми.

- 경험 опыт
- 계속하다 продолжать/продолжить + inf.
- 성격 характер
- 관계 отношение

---

02 외국어 공부를 위해 그들은 학급을 두 그룹으로 나누고 있다.

어휘

- ~로 나누다, 분할하다 делить/разделить + 목적격 + 전치사 на + 목적격
- 외국어 공부 занятие иностранным языком(занятие + 도구격)

러시아어 표현

Для занятий иностранным языком они делят класс на две группы.

예문

1. 나는 모든 작품을 두 종류로 나눈다. 내가 좋아하는 작품 그리고 내가 좋아하지 않는 작품으로.

⇒ Все произведения я делю на два сорта: те, которые мне нравятся, и те, которые мне не нравятся. (А. Чехов)

- 작품 произведение
- 종류 сорт

03 그녀는 항상 무엇인가를 불평한다.

어휘

- ~에 대해 불평하다 жаловаться/пожаловаться + на + 목적격
- 무엇이든(지) что-нибудь

러시아어 표현

Она вечно на что-нибудь жалуется.

예문

1. 환자는 어디가 아프다고 그럽니까?

⇒ На что жалуется больной?

2. 이 자동차 회사의 서비스에 대해 어디에 호소해야 하지요?

⇒ Куда можно пожаловаться на сервис в этой автомобильной компании?

04 은행에서 동전을 지폐로 교환할 수 있다.

어휘

- 교환하다 менять, обменивать/обменять + на + 목적격
- 지폐 банкнота
- 주화 монета
- ~할 수 있다 можно + inf.

러시아어 표현

В банке можно обменять монеты на банкноты.

예문

1. 당신은 우리 가게에서 구형 컴퓨터와 주변기기를 새것으로 교환할 수 있습니다.

➡ У нас вы можете обменять свой старый компьютер и периферию на новые.

- 주변장치(모니터, 키보드, 프린터 등) периферия

05 나는 당신에게 기대가 큽니다.

어휘

- ~을(~에게) 기대하다 надеяться +전치사 на + 목적격

러시아어 표현

Я очень надеюсь на вас.

예문

1. 이 사람을 기대해서는 안 된다.

➡ На этого человека нельзя надеяться.

2. 이란 대통령은 우크라이나와의 가스 프로젝트가 실현되기를 기대하고 있다.

➡ Президент Ирана надеется на реализацию газового проекта с Украиной.

- 실현, 실시 реализация

06 그는 완전히 믿고 의지할 수 있다.

어휘

- ~을 믿고 의지하다 полагаться/положиться + на + 목적격
- 완전히 полностью, вполне
- ~ 할 수 있다 можно +inf.

러시아어 표현

На него можно полностью положиться.

예문

1. 나를 믿고 의지하세요. 당신을 곤란하게 만들지 않을 테니.

➡ Положитесь на меня, я вас не подведу.

- 곤란하게 만들다, 망치다 подводить/подвести

07 지도자는 행군 참가자들을 몇 개의 그룹으로 나누었다.

어휘

- ~을 ~로 나누다, 쪼개다 разбивать/разбить + 목적격 + на + 목적격
- 지도자 руководитель(남성명사)
- 행군참가자 участник марша (참가자 участник, 행군 марш)
- 그룹 группа

러시아어 표현

Руководитель разбил участников марша на несколько групп.

예문

1. 작가는 자신의 소설을 몇 개의 장으로 나누었다.

➡ Автор разбил свой роман на несколько глав.

- 소설 роман
- 장(章) глава

08 분자는 원자로 분열했다.

어휘

- ~로 분열하다 распадаться/распасться + на + 목적격
- 분자 молекула
- 원자 атом

러시아어 표현

Молекула распалась на атомы.

09 무엇 때문에 너는 나한테 화를 낸 거냐?

어휘

- ~에 대해 화내다 сердиться/рассердиться + на + 목적격
- 무엇 때문에 за что

러시아어 표현

За что ты на меня рассердился?

1. 그녀는 파파라치에게 화를 냈다.

➡ Она рассердилась на папарацци.

---

10 나는 당신의 모든 조건에 미리 동의합니다.

• ~에 동의하다 соглашаться/согласиться + на + 목적격
• 조건 условие(단수) 〉 условия(복수)
• 미리 заранее

Я заранее соглашаюсь на все ваши условия.

1. 그녀는 자신의 업무 중 일부분을 그에게 넘기는 것에 동의했다.

➡ Она согласилась на то, чтобы часть её работы передали ему.

⑥ за + 도구격

다음의 동사들은 전치사 **за** + 명사의 도구격(*кем/чем*)을 요구한다.

---

01 그녀는 언제나 유행을 추구한다.

어휘

• ~을 뒤쫓다, 추구하다 гоняться ; гнаться/погнаться + за + 도구격

• 유행 мода

러시아어 표현

Она всегда гоняется за модой.

예문

1. 그는 두 마리 토끼를 쫓았다(일석이조를 노렸지만 둘 다 놓쳤다).

➡ Он погнался за двумя зайцами.

02 아이들이 그의 일거수일투족을 관찰했다.

어휘

- ~을 관찰하다; ~을 감시하다 наблюдать + за + 도구격
- 아이들 дети
- 일거수일투족(모든 행동) каждое движение

러시아어 표현

Дети наблюдали за каждым его движением.

예문

1. 여기서는 누가 질서를 감시하지요?

➡ Кто тут наблюдает за порядком?

03 유모는 젖먹이가 넘어지지 않게 뒤따라간다.

어휘

- ~을 뒤따르다, ~을 예의 주시하다 следить + за + 도구격

- 유모 няня

- 젖먹이 малыш

- 넘어지다 падать/пасть(упасть)

Няня следит за тем, чтобы малыш не упал.

1. 전 세계가 지대한 관심을 가지고 우주인들의 비행을 주시했다.

➡ Весь мир с огромным вниманием следил за полётом космонавтов.

- 전 세계 весь мир
- 지대한 관심 огромное внимание
- 우주인, 우주비행사 космонавт
- 비행 полёт

2. 그녀는 유행을 쫓아 값비싼 옷을 지어 입었다.

➡ Она следила за модой и шила себе дорогие платья.

- 값비싼 옷 дорогое платье

04 나를 따라오세요!

어휘

- ~을 뒤따르다 следовать/последовать + за +도구격

러시아어 표현

Следуйте за мной.

05 당직관리인들이 방안의 질서와 청결을 엄격하게 살폈다.

어휘

- ~을 주의 깊게 살피다 смотреть/посмотреть ; присматривать/присмотреть + за + 도구격
- 당직관리인 дежурный
- 청결 чистота
- 엄격하게 строго

Дежурные строго смотрели за порядком и за чистотой в помещении.

예문

1. 자신의 개를 잘 감시하세요.

➡ Присмотрите за своей собакой!

• 개 собака; пёс

---

06 우리 집에서 꽃들을 돌보는 사람은 아냐이다.

어휘

• ~을 돌보다 ухаживать + за + 도구격

러시아어 표현

За цветами у нас в доме ухаживает Аня.

예문

1. 가을과 겨울에 장미를 어떻게 돌봐야 하지?

➡ Как ухаживать за розами осенью и зимой?

2. 그녀는 남편을 죽도록 사랑했다. 고질적인 질병이 남편을 괴롭히는 동안 그녀는 헌신적으로 그를 돌보았다.

➡ Мужа она страстно любила и всё время, покуда его точил жестокий недуг, самоотверженно за ним ухаживала.

（Салтыков Щедрин）

- 정열을 다해 страстно
- ～하는 동안 покуда =пока
- 고질적인 질병 жестокий недуг
- 괴롭히다. 파먹다 точить
- 헌신적으로 самоотверженно

⑦ над + 도구격

다음의 동사들은 전치사 над + 명사의 도구격(*кем/чем*)을 요구한다.

01 네가 어떤 지경에 와있는지 한번 보거라. 모두 너를 비웃고 있다.

어휘

- ～을(에 대해) 비웃다 смеяться/посмеяться + над + 도구격
- 보거라. 보아라. 보렴 смотри/посмотри
- 어디까지 와있는지, 어떤 지경에 이르러 있는지 до + 소유격 + дошёл

Смотри, до чего ты дошёл: все над тобой смеются!

예문

1. 그가 남을 쉽게 믿는 다는 것을 왜 그렇게 악의적으로 비웃는 걸까?

➡ Зачем же так зло смеяться над его доверчивостью?

• 쉽게 남을 믿음, 순진함 доверчивость (여성명사)

---

02 그녀는 이따금 그의 산만함을 놀리기 좋아했다.

어휘

• ~을 장난삼아 놀리다, ~을 희롱하다 шутить/пошутить + над + 도구격

• 이따금 иногда

• 산만, 방심 рассеянность (여성명사)

러시아어 표현

Она любила иногда пошутить над его рассеянностью.

1. 이것을 놀려서는(비웃어서는) 안 된다. 그런 짓은 아주 몹쓸 사람만이 하는 짓이야!

⇒ Над этим нельзя шутить, это может делать только последняя дрянь!

- 쓰레기 같은 사람(놈) дрянь (여성명사)

⑧ с + 도구격

다음의 동사들은 전치사 с + 도구격 (*кем/чем*)을 요구한다.

01 나는 나의 옛 친구들과 오랫동안 만나지 못했다.

어휘

- ~와 만나다 встречаться/встретиться + с + 도구격
- 옛 친구들 старые друзья
- 오랫동안 давно

러시아어 표현

Я давно не встречался со своими старыми друзьями.

1. 기혼자들을 사귈 필요가 있을까?

➡ Стоит ли встречаться с женатыми?

• 기혼자 женатый

---

02 북한은 러시아와 인접해있다.

어휘

• ~와 인접하다 граничить + с + 도구격

• 북한 Северная Корея

러시아어 표현

Северная Корея граничит с Россией.

예문

1. 벨라루시는 동유럽에 있는 나라이다. 동쪽으로는 러시아와 인접해있다.

➡ Беларусь – государство в Восточной Европе. На востоке она граничит с Россией.

03 왜 너는 어제 나에게 인사하지 않았니?

어휘

• ~와 인사하다 здороваться/поздороваться + с + 도구격

러시아어 표현

Почему ты вчера со мной не поздоровался?

예문

1. 그는 방으로 들어가 학생들과 큰소리로 인사했다.

➡ Он вошёл в комнату и громко поздоровался со студентами.

04 나는 그와 아주 우연히 알게 되었다.

어휘

• ~와 알게 되다 знакомиться/познакомиться + с + 도구격
• 우연히 случайно

Я познакомился с ним совершенно случайно.

예문

1. 나는 그를 최근 친구 집에서 알게 되었다.

➡ Познакомились мы с ним недавно у моего друга.

2. 이미 어린 나이에 빅토르는 푸쉬킨의 시를 접했다.

➡ Ещё в раннем возрасте Виктор познакомился с поэзией Пушкина.

• 어린 나이에 в раннем возрасте (〈 연령, 나이 возраст)

05 다가오는 명절을 진심으로 축하드리고 행복과 장수(長壽), 성공
을 빕니다.

어휘

• ~을 축하하다 поздравлять/поздравить + с + 도구격
• 다가오는 наступающий (〈 (때가) 오다, 도래하다 наступать/наступить)
• 명절 праздник
• 행복 счастье
• 장수 долгие годы жизни

- 일의 성공 успехи в работе
- 진심으로 от всей души

От всей души поздравляю Вас с наступающим праздником! Желаю счастья, долгих лет жизни и успехов в работе.

예문

1. 이사 축하드려요!

➡ Поздравляем с новосельем!

- 집들이, 새로 이사한 집 новоселье

06 떠나기 직전에 그는 다시 한 번 모든 사람들과 뜨겁게 이별했다.

어휘

- ~와 헤어지다, ~와 작별인사를 하다 прощаться/проститься + с + 도구격
- 떠나는 것, 퇴거, 탈퇴 уход
- 모든 사람들, 모든 이 все

Перед уходом он ещё раз тепло простился со всеми.

예문

1. 전(前) 대통령과 작별하려는 시민들이 시 광장으로 모이기 시작했다.

➡ Жители города, желавшие проститься с экс-президентом, стали стекаться к площади города.

- 시민, 거주자 житель
- 전(前) 대통령 экс-президент
- 합류하다, 모이다 стекаться/стечься

---

07 이반 표도로비치는 알료샤와 헤어진 후 집으로 갔다.

어휘

- ～와 이별하다 расставаться/расстаться + с + 도구격
- 헤어지고 나서 расставшись

러시아어 표현

Иван Фёдорович, расставшись с Алёшей, пошёл домой.
(Ф. Достоевский)

1. 공부하러 떠난 것이 그가 처음으로 집과 이별한 것이었다.

➡ Впервые он расстался с домом, когда поехал учиться.

08 그는 언제나 모든 일을 아내와 상의한다.

어휘

• ～와 상의하다 советоваться/посоветоваться + с + 도구격

러시아어 표현

Он всегда и во всём советуется с женой.

예문

1. 그녀는 평화로운 문제 해결에 대하여 교수와 상의하는 것을 제안했다.

➡ Она предложила посоветоваться с профессором относительно мирного разрешения вопроса.

• 제안하다 предлагать/предложить
• ～에 대하여 относительно (전치사) + 소유격
• 문제 해결 разрешение вопроса

09 일을 처리하자마자 곧바로 너한테 들를게.

어휘

- ～을 처리하다, 다루다 справляться/справиться + с + 도구격

- ～하지미지 как только

- 곧바로 сразу

- ～ 에게 들르다 заходить/зайти к +수여격

러시아어 표현

Как только справлюсь с делами, сразу зайду к тебе.

예문

1. 아이의 변덕을 어떻게 다루어야 할까?

➡ Как справиться с капризами ребенка?

- 변덕, 방자 каприз

⑨ **в** + 전치격

다음의 동사들은 전치사 **в** + 명사의 전치격(*чём*)을 요구한다.

01 건물은 대대적인 보수를 필요로 한다.

어휘

- ~을 필요로 하다 **нуждаться** + **в** +전치격
- 근본적인, 대규모의 **капитальный**
- 수리 **ремонт**

러시아어 표현

Здание нуждается в капитальном ремонте.

예문

1. 나는 재정적 원조가 필요하다.

⇒ Я нуждаюсь в денежной помощи.

2. 기사는 편집이 요구된다.

⇒ Статья нуждается в редактировании.

- 감수, 교정, 편집 **редактирование**

3. 개발도상국들은 자격 있는 전문가들을 매우 필요로 한다.

➡ Развивающиеся страны остро нуждаются в квалифицированных специалистах.

- 개발도상국 развивающиеся страны
- 자격 있는 квалифицированный

---

02 그는 내가 약속을 지키지 않았다고 뒤집어씌운다.

어휘

- ~를 ~에 대해 비난하다, 책망하다 обвинять/обвинить + 목적격 + в + 전치격

  (* обвинять/обвинить 동사는 '본인이 인정하지 않은 잘못을 이유 없이 비난하다'의 의미)

- 약속 обещание
- 약속을 지키다 выполнять/выполнить обещание

러시아어 표현

Он обвиняет меня в том, что я не выполнил своего обещания.

1. 당신은 그를 괜히 책망한다. 그는 전혀 죄가 없다.

➡ Вы напрасно обвиняете его, он совсем не виноват.

• 괜히, 헛되이, 무익하게 напрасно

---

03 나는 네가 그에게 모든 것을 고백하기를 충고한다.

• ~을 고백하다, ~을 인정하다 признаваться/признаться + в + 전치격
• 충고하다 советовать/посоветовать + 수여격

Я тебе советую во всём ему признаться.

1. 내 생각에 이 주제는 많은 사람들이 누군가에게 사랑을 고백할 수 있는 좋은 기회가 될 것이다.

➡ Я думаю, эта тема станет для многих шансом признаться кому-то в любви .

• 가능성, 좋은 기회 шанс

04 나는 그의 정직을 결코 의심해본 일이 없다.

어휘

- ~에 대해 의심하다 сомневаться/усомниться + в + 전치격
- 징직, 성실 честность
- 결코 ~ 않다 никогда не + 동사

러시아어 표현

Я никогда не сомневался в его честности.

예문

1. 어머니는 자기 아들의 능력을 한 번도 의심해본 적이 없었다.

➡ Мать никогда не сомневалась в способностях своего сына.

- 능력, 재능 способность

2. 당신이 기한 내에 과업을 완수할 것이라는 사실을 의심하지 않는다.

➡ Не сомневаюсь в том, что вы выполните задание в срок.

- 기한 내에 в срок

05 연사(演士)는 청중들에게 자신의 정당성을 확신시키는데 성공했다.

어휘

- ~을 확신시키다 убеждать/убедить + в + 전치격
- 연사 выступающий(남성명사)
- 성공하다 수여격(*кому*) + удаваться/удаться + inf.
- 청중 слушатели(복수)
- 정당성 правота

러시아어 표현

Выступающему удалось убедить слушателей в своей правоте.

예문

1. 최신 유행의 이 디자이너는 자본을 투자할 곳이 없다는 소수의 사람들에게 자신의 허무맹랑한 생각을 믿게 만드는 재주가 있는 사람이다.

➡ Этот модный дизайнер – человек, сумевший убедить в своих заблуждениях горстку людей, которым некуда инвестировать свои капиталы.

- 최신 유행의 модный
- 디자이너 дизайнер
- 방종, 오해, 망상 заблуждение

- 한 줌, 적은 양 горстка(지소체) (〈 горсть(여성명사))
- 투자하다 инвестировать
- 자본 капитал

---

06 우리 두 사람이 말없이 아샤를 기다리는 동안 나는 이별이 피할 수 없음을 확신하게 되었다.

어휘

- ~에 대해 확신하다 убеждаться/убедиться + в + 전치격
- ~ 하는 동안 пока
- ~을 기다리다 ожидать + 소유격
- 불가피성 необходимость(여성명사)
- 이별, 작별 разлука

러시아어 표현

Пока мы оба молча ожидали Асю, я убедился в необходимости разлуки.(А. Тургенев)

예문

1. 나는 단순한 말이 많은 사람들을 유익하게 움직인다는 사실을 자주 확인하곤

했다. 말을 하는 사람이 아닌 말 그 자체가 사람의 마음을 움직이게 만든다.

➡ Я часто убеждалась в том, что простое слово благотворно действует на множество людей, и не автор слова, а само оно приводит в движение души.

- 유익하게 благотворно (〈 유익한, 도움이 되는 благотворный)
- ~에 작용하다, 영향을 미치다 действовать на + 목적격
- 많은 사람들 множество людей (〈 다수 множество)
- 어떤 상태로 이끌다, 인도하다 приводить/привести

---

07 내가 초음속 여객기의 시험 비행에 참가한 지는 그리 오래되지 않았다.

어휘

- ~에 참가하다 участвовать + в + 전치격
- 시험운행(시험비행) испытательный полёт (〈 시험적인 испытательный)
- 초음속의 сверхзвуковый
- 여객기 пассажирский самолёт
- 그렇게 오래되지 않다 не так давно

러시아어 표현

Не так давно я участвовал в испытательном полёте сверхзвукового пассажирского самолёта.

1. 만약 당신이 며칠 결석하고 경기에 참가하지 않았다면 당신이 이길 수 있는 기회는 줄어들 것이다.

➡ Если вы пропустили несколько дней и не участвовали в конкурсе, это уменьшит ваши шансы на выигрыш.

- 결석하다 пропускать/пропустить
- 경기, 경쟁 конкурс
- 줄이다, 축소하다 уменьшать/уменьшить
- 이기는 것, 상금, 상품 выигрыш

⑩ на + 전치격
다음의 동사들은 전치사 **на** + 명사의 전치격(*ком/чём*)을 요구한다.

01 너 들었니? 그가 나타샤와 결혼할 작정이래.

어휘

- ~와 결혼하다(장가가다) **жениться**(완,불완) + **на** + 전치격
- ~하려 하다, ~할 작정이다 **собираться** + inf.

러시아어 표현

Ты слышал, он собирается жениться на Наташе.

1. 나는 선량한 사람이에요. 이해할 수 없군요. 무슨 이유로 내가 이 여자와 결혼해서는 안 되지요?

➡ Я добропорядочный человек. Не пойму, почему мне нельзя жениться на этой женщине?

참고

* '결혼하다'는 жениться(완,불완) на (*ком*)(남자가)의 표현 외에도, жениться / пожениться (남녀가); выходить/выйти замуж за (*кого*)(여자가)의 표현이 있다.

1. 결국 그 여자는 누구랑 결혼했대?
За кого же она, в конце концов, вышла замуж?

2. 듣기에 그녀가 시집갈 거라는데.
Я слыхал, что она выходит замуж.

02 그녀는 한때 기타를 잘 쳤었다.

어휘

- ~를 연주하다 играть/сыграть + на + 전치격
- 한때, 언젠가 когда-то
- 기타 гитара

Она когда-то прекрасно играла на гитаре.

1. 내가 언제부터 기타를 치기 시작했는지 기억나지 않는다.

➡ Я не помню, когда я начал играть на гитаре.

---

⑪ о + 전치격

다음의 동사들은 전치사 о + 전치격(*ком/чём*)을 요구한다.

---

01 모든 어머니는 자기 아이들의 미래를 걱정한다.

• ~을 염려하다, ~에 대해 불안해하다 беспокоиться/побеспокоиться + о + 전치격

• 모든 ~ каждый(-ая, -ое, -ые) + 명사; весь(вся, всё, все) + 명사

• 미래 будущее(중성명사)

Каждая мать беспокоится о будущем своих детей.

1. 그녀는 자신의 미래를 불안해할 필요가 없다.

➡ Ей не нужно беспокоиться о своём будущем.

02 나는 그와 현대시에 대해 오랜 시간 이야기를 나누었다.

• ~에 대해 말하다, ~에 대해 이야기를 나누다 **говорить** + **о** + 전치격
• 현대시 **современная поэзия**
• 오랫동안, 오랜 시간 **долго**

Мы с ним долго говорили о современной поэзии.

1. 그가 들어왔을 때 우리는 마침 어떻게 그를 도울 것인지에 대해 이야기를 나누던 참이었다.

➡ Когда он вошёл, мы как раз говорили о том, как ему помочь.

03 너는 자신의 건강에 대해서 전혀 생각하지 않는구나.

어휘

- ~에 대해 생각하다 думать + о + 전치격
- 건강 здоровье
- 전혀 ~ 하지 않다 совсем не + 동사

러시아어 표현

Ты совсем не думаешь о своём здоровье.

예문

1. 그는 항상 무엇인가 자기 자신만의 것에 골몰한다.

➡ Он всё время думает о чём-то своём.

- 항상 всё время

04 고맙습니다. 우리에 대해서는 염려하지 마세요.

어휘

- ~을 염려하다 заботиться/позаботиться + о + 전치격

Спасибо, не заботьтесь о нас.

= Спасибо, не волнуйтесь за нас.

예문

1. 우리 사회에는 자신의 건강에 대해 그렇게 염려하지 않는 전통이 있다.

⇒ У нас в обществе принято не заботиться сильно о своём здоровье.

---

05 이미 태고 적에 인간은 공중을 나는 가능성에 대해 꿈꾸었다.

어휘

- ~에 대해 상상하다, 꿈꾸다 **мечтать** + **о** + 전치격
- 태고, 먼 옛날 **глубокая древность**
- 가능성 **возможность**
- 대기, 공중 **воздух**

러시아어 표현

Уже в глубокой древности люди мечтали о возможности летать по воздуху. (М. Горький)

1. 하지만 이것이, 내가 언젠가는 스타가 될 것이라고 꿈꾸는 것을 절대로 방해하지 못한다.

⟹ Но это абсолютно не мешает мне мечтать о том, что когда-нибудь я стану Звездой.

- 절대로 абсолютно
- 방해하다 мешать/помешать + 수여격 + inf

06 그녀는 그의 죽음에 대해 슬프게 울었다.

어휘

- ～에 대해 슬프게 울다 плакать + о + 전치격(= плакать + над + 도구격 = оплакивать + 목적격)

러시아어 표현

Она плакала о его смерти.

(= Она плакала над его смертью.)

(= Она плакала из-за его смерти.)

(= Она оплакивала его смерть.)

1. 엎질러진 우유를 보고 울어봐야 소용없다.

➡ Нет смысла плакать о пролитом молоке.

(=Нет смысла плакать из-за пролитого молока.)

• 쏟은 пролитый 〈 쏟다, 흘리다 проливать/пролить

---

07 환자의 상태에 대해서 당신은 당직 의사에게 전화로 문의할 수 있습니다.

어휘

• ~에 대해 묻다, 조회하다 справляться/справиться + о + 전치격
• 환자 больной
• 상태 состояние
• 당직의사 дежурный врач
• 전화로 по телефону

러시아어 표현

О состоянии больного вы можете справиться по телефону у дежурного врача.

1. 러시아 국민은 일 년에 한 번 자신의 연금을 조회할 수 있다.

➡ Россиянин может справляться о своей пенсии раз в год.

• 러시아인 россиянин (국적을 의미; 민족을 의미할 때는 русский를 쓴다)

• 연금 пенсия

---

08 이 순간 그녀는 편지를 기억하고 그것을 서둘러 읽기 시작했다.

어휘

• ~을 회상(기억)하다 вспоминать/вспомнить + о + 전치격

• 탐내어, 강렬하게 жадно

• 서둘러 ~을 하다 бросаться/броситься + inf.

러시아어 표현

Тут она вспомнила о письме и жадно бросилась его читать.

(А. Пушкин)

예문

1. 헛되이 살아온 세월을 고통스럽게 회상하기는 싫다.

➡ Не хочу мучительно вспоминать о бесцельно прожитых годах.

- 괴롭게, 고통스럽게 мучительно
- 목적 없이, 쓸데없이 бесцельно
- 살아온 세월 прожитые годы 〈 (일정 기간) 살다 прожить〉

09 그녀는 가족이 오래전부터 자기를 기다린다는 사실을 잊었다.

어휘

- ~을 잊다 забывать/забыть + о + 전치격

러시아어 표현

Она забыла о том, что дома ждут её давно.

예문

1. 깊이 사랑하는 것 - 그것은 자신을 잊는다는(희생할 줄 안다는) 것이다.

➡ Любить глубоко - это значит забыть о себе!

10 내일 관광을 나에게 상기시켜줘.

어휘

• ~에 대해 상기시키다, 기억나게 만들다 напоминать/напомнить + о + 전치격

• 견학, 관광, 여행 экскурсия

러시아어 표현

Напомни мне завтра об экскурсии.

예문

1. 마이크로 소프트사는 업그레이드의 필요성을 상기시키고 있다.

➡ Компания 'Микрософт' напоминает о необходимости апгрейда.

• 필연성, 필요성 необходимость (여성명사)

• 업그레이드 улучшение; усовершенствование; апгрейд; получение (установка) новой версии продукта

11 아가씨는 자신의 여행에 대해 아주 흥미롭게 이야기한다.

어휘

- ~에 대해 이야기하다 рассказывать/рассказать + о + 전치격

러시아어 표현

Девушка очень интересно рассказывает о своих путешествиях.

예문

1. 그는 나에게 이 도시에 어떻게 오게 되었는지 말해주었다.

⇒ Он рассказал мне о том, как попал в этот город.

12 우리는 우리가 무엇에 대해 그녀와 이야기를 해야 하고, 무엇을 그녀에게 물어야 할지 몰랐다.

어휘

- ~에 대해 묻다 спрашивать/спросить + о + 전치격

Мы не знали, о чём нам говорить с ней, о чём спросить её.
(М. Горький)

예문

1. 오래된 골칫거리에 대해 묻고 싶습니다.

➡ Хочу спросить о старой мозоли.

• 오래된 문제 старая мозоль; 물집, 굳은살 мозоль (여성명사)

 **주요 동사구 표현**

동사와 다른 품사가 결합하면 일정한 의미를 형성하여 동사구문이
된다. 이 동사 구문은 구어체 보다는 문어체 문장에서 자주 쓰인다.

---

01 брать/взять курс на + 목적격 : ~을 향해 진로를 잡다, ~
을 위한 방안에 착수하다

예문

1. Наша кафедра взяла курс на повышение уровня разговорной
речи у студентов.
우리 과는 학생들의 구어(口語) 수준 향상을 위한 방안에 착수했다.

어휘

• кафедра 학과(學科)

• повышение 상승, 향상

• разговорная речь 구어(口語)

02 вводить/ввести в действие + 목적격 (закон) : (법률을) 발효(發效)하다

1. Закон о борьбе нетрудовыми доходами был введён в действие в 1985 г.

불로소득 방지 법안이 1985년에 발효되었다.

• нетрудовой доход 불로 소득 (〈 소득 доход)

03 вести (тщательную) обработку + 소유격 : ～을 (면밀히) 검토하다, 다듬다

1. Он ведёт тщательную обработку информации по Северной Корее.

그는 북한에 대한 정보들을 면밀히 검토하고 있다.

- тщательный 상세한, 면밀한
- информация 정보
- обработка 가공, 정제, 다듬는 것

04 вести переговоры с + 도구격 : ~와 회담을 갖다, 교섭하다

예문

1. Сейчас Южная Корея ведёт переговоры с Северной.

현재 남한은 북한과 교섭중이다.

어휘

- переговоры (복수) 교섭, 담판

05 взять верх над + 도구격 : ~보다 우세하다, ~를 이기다

예문

1. В 15 веке неоконфуцианство (чжусманство) взяло верх над буддизмом.

15세기에는 신유교(주자학)가 불교보다 우세했다.

- неоконфуцианство 유교, 성리학; 주자학 чжусманство
- буддизм 불교

---

06 вносить/внести (большой, важный, существенный) вклад в
+ 목적격 : ~에 (큰, 중요한, 본질적인) 기여를 하다, 공헌하다

예문

1. Чон Дасан внёс большой вклад в развитие идей сирхак.
다산(茶山 丁若鏞)은 실학 발전에 큰 공헌을 했다.

어휘

- существенный 본질적인
- вклад 공헌

07 возлагать/возложить ответственность на + 목적격 : ～에게 책임을 지우다, ～에 책임을 돌리다; 책임을 부여하다

예문

1. Ответственность за провал реформ надо возложить на политику президента.

개혁 실패에 대한 책임은 대통령의 정책에 돌려야 한다.

어휘

- ответственность 책임
- провал 붕괴, 실패
- реформа 개혁

08 вступать/вступить в силу : 효력을 발생하다; 발효하다

예문

1. Новый закон вступил в силу.

새 법이 효력을 발생했다.

예문

1. Президент вступил в должность вчера.

대통령이 어제 취임했다.

어휘

• должность (여성명사) 임무, 직위

예문

1. Мы сделали вывод о неисполнимости этого предложения.

= Мы сделали вывод о том, что это предложение неисполнимо.

우리는 이 제안이 실현 불가능한 것이라고 결론 내렸다.

2. Мы сделали вывод о непригодности этого человека.

우리는 이 사람이 도움이 되지 않는다고 결론 내렸다.

- вывод 결론

- неисполнимость (〈 неисполнимый 실현 불가능한)

- предложение 제안

- непригодность (〈 непригодный 쓸모없는, 부적당한)

---

11 закладывать/заложить фундамент (для) + 소유격 : ~을 위한 토대, 기초를 세우다

예문

1. Плеханов заложил фундамент (для) марксизма в России.
플레하노프는 러시아에 마르크시즘의 토대를 세웠다.

어휘

- фундамент 토대, 기초

12 закладывать/заложить основы : 기반을 구축하다, 기초를 세우다

1. Его труды заложили основу нашей правовой системы.

그의 저작은 우리 법체계의 기초를 세웠다.

어휘

• правовая система 법체계

13 заявлять/заявить (решительный) протест против + 소유격 : ~에 대해 (단호한) 이의를 제기하다, 항고하다, 항의하다

예문

1. Россия заявила решительный протест против действий США в Персидском заливе.

러시아는 미국의 페르시아만 작전에 대해 단호한 이의를 제기했다.

- протест 반대, 항의, 이의신청
- Персидский залив 페르시아만(灣) (〈 Персия 페르시아)

14 иметь в виду + 목적격 : ～을 의미하다, ～을 염두에 두다

예문

1. Что вы имеете в виду?
그게 무슨 의미죠?

2. Я имею в виду ваши успехи.
방금 내가 말한 것은 바로 당신의 성공입니다.

15 иметь (большое, огромное, важное) значение для +
소유격 : 의의가 있다

예문

1. Наши уроки имеют большое значение для вашего будущего.
우리의 수업은 당신의 미래에 중요한 의의를 갖습니다.

• будущее 미래 (중성명사)

---

16 иметь право на + 목적격 : ~에 대해 권리를 갖다(자격이 있다)

예문

1. Я имею право на эти деньги.

나는 이 돈에 대해 권리가 있다.(이 돈을 가져갈 자격이 있다)

2. Вы не имеете право спрашивать.

당신은 질문할 권리가(자격이) 없습니다.

---

17 играть/сыграть (большую, важную) роль в + 전치격 : ~에 (큰, 중요한) 역할을 하다

예문

1. В этом деле он сыграл важную роль.

이 일에 그는 중대한 역할을 했다.

2. В его удаче большую роль, по-видимому, сыграли его огромные способности.

보아하니 그 사람이 성공한데는 그의 대단한 능력이 큰 역할을 했을 것 같다.

어휘

- по-видимому (삽입어) 보건대, 아마도

- огромный 거내한, 중내한

- способность (여성명사) 재능, 능력

---

18 наносить/нанести визит + 수여격: ~를 방문하다

= посещать/посетить

예문

1. Майкл Джексон нанёс визит президенту.

마이클 잭슨은 대통령을 방문했다.

19 наносить/нанести удар по + 수여격: ～에 타격을 주다, ～을 습격·타도하다

1. Вступление в ВТО нанесёт удар по малоимущим слоям населения.
WTO가입은 빈곤층에게 타격을 줄 것이다.

20 наносить/нанести ущерб + 수여격 : ～에 손실을 입히다, 손해를 끼치다

1. Этот инцидент нанёс большой ущерб репутации нашей армии.
이 사건은 우리 군대의 명예에 큰 손실을 입혔다.

• инцидент (돌발)사건
• ущерб 손실

21 нести ответственность перед + 도구격 + за + 목적격 : ~에 대해 책임을 지다

예문

1. Кто-то должен нести ответственность перед народом за провалы в экономике.

누군가는 경제 파탄에 대해 국민 앞에 책임져야 한다.

2. Мне пришлось нести ответственность за всех членов группы.

나는 단체의 전 회원들을 대신해서 책임을 질 수밖에 없었다.

어휘

• провал 붕괴, 실패

22 обращать/обратить внимание на + 목적격 : ~에 주의하다, 주의를 기울이다; 신경 쓰다

예문

1. Не обращайте на него внимания!

그 사람에게 신경 쓰지 마세요!

23 оказывать/оказать (положительное, отрицательное, большое) влияние на + 목적격 = влиять/ повлиять на + 목적격: ~에 (긍정적, 부정적, 큰) 영향을 미치다

1. Его совет оказал благотворное влияние на ход дела.
그의 충고는 일이 진행되는 데 유익한 영향을 미쳤다.

2. Погода оказывает сильное влияние на состояние больного.
날씨는 환자의 상태에 많은 영향을 준다.

- благотворный 유익한, 도움이 되는
- ход 진행, 과정

24 оказывать/оказать (положительное, отрицательное, боль-шое) влияние на + 목적격 = влиять/ повлиять на + 목적격: ~에 (긍정적, 부정적, 큰) 영향을 미치다

1. Его слова оказали на меня сильное воздействие.

그의 말은 나에게 강한 영향(감동)을 주었다.

25 оказывать/оказать (большую, огромную) помощь + 수여격 = помогать/помочь : 도와주다

예문

1. Кто тут может оказать первую помощь раненому?

여기 누가 부상자에게 응급처치 할 수 있나요?

어휘

- первая помощь 응급처치
- раненый(명사) 부상자

> **26** оказывать/оказать (серьёзную, эффективную) поддержку
>
> = поддерживать /поддержать : ~을 지지, 지원하다

예문

1. Все присутствующие оказали полную поддержку его предложению.

참석자 전원이 그의 제안에 전폭적 지지를 보냈다.

어휘

• поддержка 지지

• присутствующие(복수 명사) 출석자, 참석자

> **27** оказывать/оказать тёплый приём + 수여격 = принимать/
>
> принять гостя : ~를 환대·환영하다

예문

1. Они оказали нам сердечный приём.

그들은 정성을 다해 우리를 맞이했다.

- **сердечный** 마음으로부터의, 애정 있는

- **приём** 영접, 대접

---

28 оставаться в стороне от + 소유격 : ～을 회피하다

예문

1. Я хочу оставаться в стороне от политики.

나는 정치를 멀리하고 싶다.

---

29 подвергать/подвергнуть (глубокому, детальному, тщатель—

ному) анализу = анализировать/проанализировать

: ～을 (깊이, 상세히, 면밀히) 분석하다

예문

1. Земельные регистры времён династии Чосон были подвергнуты

тщательному анализу.

조선시대의 토지 대장이 면밀히 분석되었다.

- земельный регистр 토지대장(土地臺帳)

- династия 왕조

30 поддерживать контакт с + 도구격 : ～와 접촉을 유지하다;
대화를 유지하다

예문

1. Мы поддерживаем с ним контакт.

우리는 그와 접촉(연락)을 유지하고 있다.

2. С ним трудно поддерживать контакт.

그와 대화하기가 힘들다.

31 положить конец + 수여격 : ～을 끝내다

예문

1. Ельцин положил конец существованию СССР.

옐친은 소련의 종말을 가져왔다.

32 положить начало + 수여격 : ～을 시작하다

예문

1. Пора положить этому начало.

이것을 시작할 때다.

33 подвергать/подвергнуть (резкой, серьёзной) критике +

목적격 : ～을 (신랄하게, 진지하게) 비판하다, 비판에 부치다

예문

1. Они подвергли резкой критике действия правительства.

그들은 정부 정책을 신랄하게 비판했다.

어휘

• правительство 정부

> **34** получать/получить (широкое, всеобщее) признание
>
> : (폭넓은, 전반적인) 인정을 받다

1. Его гипотеза так и не получила признания в среде учёных.

그의 가설은 학계에서 결국(끝까지) 인정을 받지 못했다.

어휘

• гипотеза 가설, 가정

• среда 환경, 사회층

> **35** придавать/придать (большое, огромное) значение + 수
>
> 여격 : ~을 (아주, 대단히) 중요시하다, ~에 의미를 부여하다

예문

1. Этому известию придаётся немалое значение.

(언론: 사람들이) 이 뉴스에 중요한 의미를 부여한다.

• известие 보도, 뉴스

---

36 прилагать/приложить (все, большие) усилия для + 소유
격 : ～을 위해 애쓰다, 전력을 쏟다

예문

1. Я приложу все усилия для твоей удачи.

너의 성공을 위해 전력을 다 할게.

---

37 принимать/принять (важное, окончательное) решение о +
전치격 = решить : ～에 대해 (중요한, 결정적인) 결정을 내리다

예문

1. Мы приняли решение о Вашем переходе на другую работу.

= Мы приняли решение, что Вы переходите на другую работу.

우리는 당신의 전근(轉勤)을 결정했습니다.

- переход 이동, 전근

---

38 принимать/принять во внимание + 목적격 : ～을 고려하
다, 감안하다

---

1. Принимая во внимание Ваше трудное положение, мы решили оказать Вам помощь.

당신의 어려운 상황을 고려하여 우리는 당신을 돕기로 했습니다.

- положение 상황
- оказать помощь 도와주다

39 принимать/принять (активное) участие в + 전치격 =

участвовать : (적극적으로) ～에 참가, 참석하다

예문

1. Он успел принять участие во многих конференциях.

그는 많은 학술회의에 참석했다.

어휘

- успеть + inf. ～할 시간이 있다 : (시간상) ～할 수 있다. 성공하다
- конференция (대규모) 학술회의

40 причинять/причинить (большой, огромный) ущерб + 수여

격 : ～에게 (큰) 손해를 끼치다

예문

1. Это решение причинит большой ущерб нашим интересам.

이 결정은 우리 이익에 큰 손실을 입힐 것이다.

• интересы(복수명사) 이익, 이해, 이윤

41 производить/произвести (хорошее, большое, огромное, незабываемое) впечатление на + 목적격 : ∼에게 (좋은, 큰, 거대한, 잊을 수 없는) 인상을 주다

예문

1. Этот студент производит на меня хорошее впечатление.

이 학생은 나에게 호감을 불러일으킨다.

42 ставить/поставить под сомнение + 목적격 : ∼을 의심하다, ∼에 의심을 품다

예문

1. Они поставили под сомнение моё утверждение.

그들은 내 주장에 의심을 품었다.

- утверждение 주장

---

43 уделять/уделить (большое, серьёзное, особое) внимание
+ 수여격 : ～에 (많은, 진지한, 특별한) 주의를 기울이다

예문

1. Он уделяет особое внимание её поведению.

그는 그녀의 행동을 특별히 눈여겨보고 있다.

어휘

- поведение 품행, 행실, 행동

---

44 упускать/упустить из виду + 목적격 : ～을 고려하지 않다,
간과하다

예문

1. Мы не упустили из виду, что студентам трудно добираться до

университета.

우리는 학생들이 학교까지 오기 어렵다는 사실을 간과하지 않았다.

- **добираться** 힘들여 (어떤 장소에) 도달하다

 **자주 쓰이는 동사 관용어구 표현**

동사와 다른 품사들이 결합하여 동사구문을 만들면서 일정한 의미가 형성된다. 이때 각 단어가 갖는 원래의 의미늘이 설합하여 선혀 다른 제 2의 의미를 만드는 경우가 있다. 러시아어에서 자주 나타나는 이들 동사 관용어구들은 다음과 같다.

01 бить в глаза: (특출해서) 눈에 띄다

예문

1. Краски были местами свежие и поэтому били в глаза.

페인트가 방금 칠한 것처럼 군데군데 있는 것이 눈에 확 띄었다.

2. Город никак не уступал другим губернским городам: сильно била в глаза жёлтая краска на каменных домах и скромно темнела серая на деревянных.

Н. Гоголь. 〈Мёртвые души〉

도시는 다른 현청소재지에 전혀 뒤지지 않았다. 돌로 지은 노란 집들이 강렬하게 눈에 띠었고 잿빛 목조건물들이 거무튀튀하게 보였다.

- **краска** 색깔, 물감

- **местами**(부사) 여기저기에

- **уступать/уступить** 양보하다

- **губернский** 현(縣)의

- **скромный** 검소한, 질박한

- **темнеть** 검게·어렴풋이 보이다

02 быть к лицу + 수여격 : ～에게 어울리다

예문

1. Ему не к лицу это поведение.
이런 행동은 그에게 어울리지 않는다.

2. Ей не к лицу эта одежда.
이 옷은 그녀에게 안 어울린다.

3. Тебе к лицу эта шляпа.
이 모자 너한테 딱이다!

4. В самом деле, вам шинель гораздо более к лицу.

М. Лермонтов. 〈Герой нашего времени〉

정말이지, 당신에게 외투가 훨씬 더 어울리는군요.

어휘

- шинель 외투 (여성명사)
- гораздо 훨씬 (부사)

03 бить/забить(кипеть/закипеть) ключом : ～가 끓어 넘치다, 샘 솟아오르다, 활기가 넘치다, 왕성하다, 부글거리다

예문

1. В весенние и летние месяцы здесь бьёт ключом.

봄과 여름에 이곳은 활기가 넘친다.

2. Энергия в нём бьёт ключом.

그에게서 에너지가 넘쳐흐른다.

3. Жизнь била во мне ключом; все поручавшиеся мне дела казались слишком лёгкими.

А. Игнатьев. ⟨50 лет в строю⟩

나의 삶은 샘처럼 활력 있었다. 맡은 일마다 전부 쉽게만 느껴졌다.

4. Яркий, солнечный, чисто русский комизм бил у него ключом.

М. Велизарий. ⟨Путь провинциальной актрисы⟩

햇살처럼 반짝 반짝 빛나는 전형적인 러시아 유머가 그에게서 계속 샘솟았다.

어휘

* **поручать** 의뢰하다, 부탁하다
* **комизм** 익살, 유머

04 бить(ударять) по рукам : 합의보다, 일이 성사되다

= заключать деловое соглашение, торговую сделку, договор

예문

1. А уж мы и по рукам ударили?

우리 벌써 합의한 겁니까? (상대방에 대해 잘 모르는 상태임에도 합의했다는 뉘앙스)

2. По рукам, что ли?

합의한 겁니다, 그렇죠?

3. Если бы вы имели дело со скупщиком, но я, как говорится, по натуре – артистреставратор. Я восстанавливаю не только внешний вид старины, но, так сказать, самый её дух. За ценой не стою. Берите за все пять тысяч, ударим по рукам.

А. Толстой. 〈Приключения Растегина〉

당신이 한낱 장사꾼과 거래하는 것이라면 모르겠지만 저는 말 그대로 타고난 예술을 하는 사람입니다. 유물 복원가란 말입니다. 저는 단순히 골동품의 외형만 복원시키지 않습니다. 말하자면 그 영혼도 살려 낸다 이겁니다. 가격이 중요하다고 보지 않아요. 5천 루불만 주고 가져가세요. 자, 그렇게 하자구요!

어휘

- **скупщик** 매점인, 구매자
- **как говорится** 말하자면, 이른바
- **по натуре** 원래
- **реставратор** 수리자, 복원가
- **восстанавливать** 복구시키다, 재건하다, 복원하다
- **старина** 옛날, 구습; 고물, 골동품

05 брать себя в руки : 자제하다

= овладеть себя, успокаиваться

1. Едва гость ушёл, Ольга устало опустилась на кровать. Глаза её наполнились слезами. ‑ Возьмите себя в руки, нельзя же так! ‑ коснулся её плеча Алексей.

В. Ажаев. 〈Далеко от Москвы〉

손님이 출발하자마자 올가는 피곤에 지쳐 침대에 쓰러졌다. 두 눈에는 눈물이 가득했다.

"정신 차려요, 이러면 안 되잖아!" 알렉세이가 그녀의 어깨에 손을 댔다.

어휘

- едва ~하자마자
- устало 지친, 피로한 (< усталый 지친, 피로한)
- опускаться/опуститься 내려오다, 낮아지다
- наполняться/наполниться 가득 차다, 메워지다
- касаться/коснуться 건드리다

180

06 брать/взять верх над + 도구격 : ～를 이기다, 지배권을 갖다, 우위를 점하다

1. Она даже брала над ним верх.

그녀는 그 사람을 휘어잡기까지 했다.

2. Год от году жена потихоньку брала надо мною верх, а теперь я, может, и взноровился бы, да поздно.

М. Шолохов. 〈Слово о Родине〉

한해 한해가 가면서 아내는 조금씩 나를 휘어잡았다. 이제는 내가 헤어나려 해보지만 이미 늦은 것 같다.

어휘

- **потихоньку** 천천히, 몰래, 차츰차츰
- **норовить** 기회를 노리다; ～을 하려고 약점을 찾다

07 бросать/бросить(проливать/пролить) свет на + 목적격 : ~을 밝히다, 해명하다

1. Вдруг случилось обстоятельство, которое пролило свет на эту тайну.

그 비밀이 세상에 알려지게 된 상황이 갑자기 발생하고 말았다.

2. Рукопись эта проливает свет на страну, никому до сего времени в подробности не известную.

А. Островский. 〈Записки замоскворецкого жителя〉

이 옛 기록이 지금까지 아무도 자세히 모르는 나라에 대해 밝혀준다.

어휘

• рукопись （여성명사） 필사본, 사본 ; 옛 기록, 연대기
• подробность （여성명사） 상세, 정밀

08 бросать(пускать) грязью(камнем) в + 목적격: ~를 비난하다, 공개적으로 모욕을 주다, 먹칠하다

예문

1. В них бросают грязью

그들은 비난받고 있다.

2. Да, он, действительно, умрёт где-нибудь в нищете и в бедности; но неужели ж и за это пускать в него камнем?

И. Тургенев. 〈Рудин〉

맞아요, 그는 실제로 어디에선가 빈곤과 가난 속에서 죽어갈 겁니다. 그런데 그것 때문에도 그가 비난받아야 한단 말입니까?

어휘

• умирать/умереть 죽다
• нищета 극빈, 적빈

09 бросать/бросить (кидать/кинуть) на ветер деньги : 돈을 분별없이(함부로) 쓰다, 돈을 낭비하다

=зря, безрассудно тратить деньги

예문

1. В иных случаях тратились они без надобности и бросали деньги, как говорится, на ветер.

С. Аксаков. ⟨Наташа⟩

어떤 경우에 그는 불필요한 곳에 돈을 썼습니다. 말하자면 분별없이 돈을 썼지요.

참고

* 과거 러시아어에서 귀족에 대해 말할 때 3인칭 복수형을 쓰기도 했다.

어휘

• **тратиться** 돈을 쓰다
• **надобность** (여성명사) 필요, 필요성

10 бросать/бросить на ветер слова: 지키지 않을 약속을 하다;
근거 없는 주장을 하다; 생각 없이 지껄이다, 공연히(무익하게)
말하다
= необдуманно говорить

1. Колена к тому же знает, что Йозеф коммунист и слов на ветер
не бросает.

Б. Тартаковский. 〈Смерть и жизнь рядом〉

게다가 또 칼레나는 요셉이 공산주의자이고 생각 없이 지껄이는 사람이
아니라는 사실을 알고 있다.

어휘

• к тому же 게다가 또
• коммунист 공산주의자

11 бросать(наводить) тень на + 목적격: ~의 명예에 먹칠하다; (자신의 행동으로 남의 명예까지) 더럽히다

예문

1. Ты ведь дело конфузишь? Ты на меня тень наводишь.

М. Горький. 〈Дело Артамоновых〉

네가 정말 일을 망치는 거냐? 너 때문에 나도 욕을 먹잖아.

어휘

• конфузить 당혹하게 만들다, 갈팡질팡하게 만들다

12 валом валить: 밀려들다, 쇄도하다

예문

1. Сейчас у меня бизнес процветает: заказчики валом валят.

요즈음 내 사업이 번창하고 있다. 주문인이 쇄도한다.

2. Он очень популярный профессор, к нему студенты валом валят.

그는 매우 인기가 많은 교수여서 학생들이 우루루 밀려든다.

3. Сибирское купечество, так сказать, валом валило в Нижний на ярмарку.

Ф. Решетников. 〈Очерки обозной жизни〉

시베리아의 상인들이 니즈니 노브고로드 시장(市場)으로, 말하자면, 구름처럼 몰려들었다.

어휘

- **вал** 거센 파도, 둑 제방
- **валить** 밀어닥치다
- **заказчик** 주문인 (〈заказ 주문)
- **купечество** 상인, 상인계급
- **ярмарка** 정기시장

---

13 вбивать/вбить(забивать/забить;забирать/забрать) + 목적격 + 수여격 + в голову : 신념을 확고히 하다, 깊이 명심하다 (한번 머리에 들어온 생각을 고집스럽게 포기하지 않는다는 의미) = вбивать + 목적격+ себе в голову

예문

1. Егор вбил себе в голову мысль, что упорством он может

наверстать отсутствие таланта.

예고르는 부단한 노력으로 그가 재능이 없는 것을 메워갈 수 있을 것이라고 고집스럽게 믿고 있었다.

2. Анфим был такой человек, что если раз заберёт он что-нибудь себе в голову, так уж чего бы то ни стало, и пойдёт добиваться задуманного до последней крайности.

П. Мельников-Печерский. 〈Очерки поповщины〉

안핌은 무엇이든 한번 마음을 먹으면 무슨 일이 있어도 끝까지 생각한대로 밀고 나가는 사람이었다.

어휘

- **упорство** 완강함, 굽히지 않음, 고집
- **наверстать** 메우다, 보충하다
- **добиваться** + 소유격 ~을 얻으려고 노력하다
- **задумывать/задумать** 생각해내다, 궁리하다 ; 결심하다
- **крайность** (여성명사) 극도, 극단

14 вбивать/вбить клин между + 도구격 : 이간질하다

예문

1. Администрация нарочно вбивает клин между рабочими разных национальностей.

행정기관은 일부러 여러 나라의 노동자들 사이를 이간질하고 있다.

2. Хочешь клин между нами вбить?

우리 사이를 이간질하고 싶은 거냐?

3. Июльские дни вбили клин между верхами и низами соглашательских партий: в то время как верхи скатились в лагерь буржуазии, низы круто повернули в сторону пролетариата.

〈История гражданской войны в СССР〉

7월에 있었던 일들은 협조적이던 당들의 상층부와 하층부를 이간질했다. 상층부는 부르주아 진영으로 붙어버렸고, 하층부는 프롤레타리아 쪽으로 완전히 선회했다.

어휘

- нарочно 고의로, 일부러
- верхи 상층부, 정상

- **низы** 하부, 하층

- **соглашательский** 협조적인, 점진적인

- **скатываться/скатиться/**굴러 떨어지다, 적의 편에 붙다

- **круто** 급격하게, 갑자기; 엄격히, 굳게

- **поворачивать**∶**повёртывать/повернуть** 방향을 바꾸다

---

15 **вертеть(вилять, крутить) хвостом перед + 도구격 : 알랑거리다, 굽실거리다; 말을 돌리다, 핑계대다**

예문

1. Он давно вертит перед ней хвостом.

그는 오래전부터 그녀에게 굽실거리고 있다.

2. "Да ты, парень, хвостом-то не верти, истинную правду мне сказывай"-подхватил Пантелей.

Мельников-Печерский. ⟨В лесах⟩

"너, 이 녀석, 말 돌리지 말고 진실을 말해봐!" 판첼레이가 맞장구를 쳤다.

어휘

- **подхватывать/подхватить** 받다, 오는 것을 받다, (상대방의 말에 동의하여) 맞장구치다.

16 вертится в голове: (생각이 날 듯) 머리에서 뱅뱅 돌다 ('아무리해도 떠오르지 않는다'는 의미)

예문

1. У меня в голове всё время вертится вчерашний сон, но точно я его вспомнить не могу.

어젯밤 꿈이 머리에서 뱅뱅 돌기는 한데 정확하게 기억나지 않는다.

2. Кажется, что так легко припомнить, так и вертится в голове, мучительно близко вертится, а что именно - не знаю. Никак не схватить.

　В. Гаршин. 〈Художники〉

금방이라도 생각날듯한데 이렇게 머리에서 뱅뱅 돌고만 있으니 미칠 노릇이지! 그거구나 싶어서 구체적으로 무엇이냐 하면 그게 또 모르겠단 말이야. 도무지 생각이 나질 않아!

(cf) вертится на языке: 혀에서 뱅뱅 돌다, 생각날 듯해도 말이 안 나온다 (말하고 싶어 죽겠다, '아무리해도 떠오르지 않는다'는 의미)

3. Был у нас в роте командир, поручик.... Вот, оказия, никак его фамилии не вспомню...

　На языке вертится, а не вспомню. Прямо затемнение какое-то.

　К. Седых. 〈Даурия〉

우리 부대에 지휘관이 있었거든, 무슨 무슨 중위였는데... 어? 그 사람 성이 뭐더라, 이게 웬일이냐! 생각이 날 듯 말 듯 입에서 맴도네, 에이, 모르겠네, 완전히 머리가 굳어버렸나봐.

어휘

- **припоминать/припомнить** 상기하다, 생각해내다
- **мучительно** 괴롭게
- **схватывать/схватить** 잡다, 파악하다
- **рота** 중대
- **командир** 사령관
- **поручик** 육군 중위
- **оказия** (구어체) 흔히 볼 수 없는, 진기한 사건
- **затемнение** 어둡게 함, 애매모호하게 됨

---

17 вешать/навешать собак(собаку) на + 소유격: ～을 중상, 비방하다, 근거 없이 책망, 비난하다

예문

1. Сейчас вешают всех собак на Максима, но на самом деле виноват не только он.

지금 모두들 막심을 비난하지만 사실 그만 죄가 있는 것은 아니다.

• вешать 걸다, 달아매다, 교수형에 처하다

18 видеть насквозь : 꿰뚫어 보다, 완전히 파악하다

 = хорошо знает чьи-то мысли, поступки

예문

1. Вижу тебя насквозь.

나는 너를 훤히 들여다보고 있다.(너의 마음을 다 알고 있다)

2. Он уже видит насквозь натуру его болезни.

그는 이미 그의 병의 본질을 꿰뚫고 있다.(그의 병을 완전히 파악하고 있다)

3. Я его насквозь вижу, все дела его знаю вот как свои пять пальцев.

А. Чехов. 〈В овраге〉

나는 그를 잘 알고 있다. 그의 일이라면 손바닥 보듯 훤히 알고 있다.

• знать как свои пять пальцев 매우 잘 알다

19 висеть/повиснуть на телефоне: 전화기를 오래 붙잡고 있다

예문

1. Лаборант висел на телефоне, выясняя последствия.

실험실 조교는 사태를 해명하느라 오랫동안 전화기를 붙잡고 있었다.

2. До сумерек бегал Никита Петрович по руднику, а больше всего висел на телефоне.

Н. Ляшко. 〈Яма и разутый "Битюг"〉

니키타 페트로비치는 땅거미가 질 때까지 광산을 뛰어다녔고 무엇보다도 전화하는데 열중했다.

3. Только что закончился очередной артиллерийский налёт противника, и полковник Панченко висел на телефоне, выясняя последствия.

Б. Бычевский. 〈Город-фронт〉

적군의 대포사격이 방금 끝났고 연대장 판첸코는 상황을 알아보려고 전화통을 붙잡고 있었다.

- **сумерки** 황혼, 땅거미

- **рудник** 광산

- **очередной** 정기의, 변함없는

- **артиллерийский** 대포의, 포병의

- **налёт** 습격, 급습

- **противник** 적군

- **полковник** 연대장, 지휘관

- **выяснять/выяснить** 해명하다, 밝히다

- **последствие** 결과, 여파

20 витать в облаках : 공상에 잠기다

예문

1. Он не работает, всё витает в облаках.

그는 일은 하지 않고 내내 공상에 잠겨있다.

2. Нароков лишен в её глазах всякой практической сметки, витает вечно в облаках, беззаветно предан искусству.

Ю. Юрьев. 〈Записки〉

그녀가 보기에 나로코프는 아무런 현실적 영특함이 없고 예술에 푹 빠져 영원히 공상 속에서 살아가고 있다.

어휘

- **витать** (공상, 환상의 세계에) 살다, 있다, 맴돌다; 날아다니다
- **лишен** ~이 없다 (〈**лишить** 잃다)
- **смётка** 영리; 예민함
- **беззаветный** 헌신적인
- **предаться** 전념하다, 열중하다, 몰두하다

---

21 влезать/влезть в (чью) шкуру(кожу): ~의 입장을 바꾸어서 생각하다

예문

1. Настоящий врач любит больного, сочувствует ему, влезает в его шкуру.

진정한 의사는 환자를 사랑하고 동정하며 환자의 입장에서 서서 생각한다.

2. Я в его шкуре.

나는 그와 같은 입장에 있다.(그와 똑같은 상황에 빠져있다)

(cf) Я же вошёл в ваше положение, а вы так упрямитесь?

나는 당신 입장에 섰는데 당신은 이렇게 고집만 부리십니까?

어휘

* влезать/влезть 기어오르다, 기어들어가다

* шкура 가죽, 외피(外皮)

* упрямиться(불) 고집을 부리다

22 воротить нос(рыло; морду) от + 목적격: 외면하다
(показывать спину), 피하다, ～을 멸시하다

예문

1. Да, ты нос не вороти!

너, 외면하지 마!

2. Хорошие деньги платят, чего ж ты нос воротишь?

돈도 많이 주는데 너는 왜 피하는 거냐?

3. Богат ты, ну и всякий тебя уважает, а беден - так и рыло
воротят.

А. Островский, 〈Бедная невеста〉

사람이 돈이 많으면 모두들 우러러보지만 돈이 없으면 멸시한다.

- воротить 돌리다

- рыло 낯짝, 주둥이(경멸)

23 вставать/встать с левой ноги : 일진이 나쁘다, 아침부터 기분이 나쁘다, 하루가 재수 없다

1. Вы сегодня с левой ноги встали?

당신 오늘 운이 없는 날인가 봐요.

2. Госпожа Ким, наверно, встала сегодня с левой ноги, потому что сидела за столом хмурая и сердитая.

김 여사가 침통하게 화난 듯 책상 앞에 앉아있는 것으로 보아 오늘 일진이 안 좋은 것 같다.

3. С утра всё меня раздражает почему-то. С левой ноги, должно быть, встал.

В. Некрасов, ⟨В окопах Сталинграда⟩

아침부터 무슨 일인지 별의별것이 다 나를 짜증나게 만든다. 필경 일진이 안 좋은 날이리라.

어휘

* **раздражать** 노하게 하다, 자극하다

---

24 втирать/втереть + 수여격 + очки : ~를 속여서 판단을 흐리게 하다, ~의 눈을 속이다; 결과가 좋다고 거짓말하다

예문

1. Ты мне очки не втирай!

너, 내 눈을 속이지 마!(일이 잘 돼가고 있다고 속이지 마!)

2. Никаких людей мне сюда не надо. И без полного питания я тоже обойдусь. Очки втирать никому не хочу. И не хочу никого обнадёживать. Сколько сам могу сделать – сделаю.

П. Нилин, ⟨Через кладбище⟩

나는 이곳에 그 어떤 사람도 필요 없습니다. 충분한 식사 없이도 나는 그럭저럭 살아갈 수 있습니다. 그 누구도 속이고 싶지 않습니다. 누구에게도 희망을 주고 싶지 않습니다. 나 혼자서 할 수 있을 만큼 하겠습니다.

어휘

- **питание** 영양, 식사
- **обойтись без** + 소유격 ~없이도 되다
- **обнадёживать** 희망을 주다, 위로하다

25 выносить/вынести сор из избы : 자기 집안의 치부를 밖에 드러내다

예문

1. Человеку, который выносит сор из избы, не поздоровится.
집안의 허물을 떠벌리는 사람은 결말이 안 좋을 거야.

2. Из избы сор не выноси.
자기 집안의 허물을 이야기하지 말라. (속담)

3. Пустынник был не говорлив, Мишук с природы молчалив; так

200

из избы не вынесено сору.

И. Крылов, ⟨Пустынник и медведь⟩

은자(隱者)는 말 많은 사람이 아니었고 곰도 선천적으로 과묵한 존재였다. 그래서 집안 허물이 드러나지 않았던 것이다.

- cop 먼지, 오물

- пустынник 은둔자, 은자(隱者)

- говорливый 말이 많은, 수다스러운 ↔ (молчаливый 과묵한)

---

26 вырывать/вырвать + 목적격 + с корнем: 근절하다, 뿌리 채 뽑다

= уничтожать без остатка, искоренять

예문

1. Вот взяла и решила: вырву эту любовь из своего сердца, с корнем вырву.

자, 이렇게 결정했어. 이놈의 사랑의 감정을 내 마음 속에서 싹 없애버리는 거야, 완전히 잊어버릴 거야.

27 высоко летать: 높은 자리에 오르다

예문

1. С горечью и с тайной занозой в душе сознавался он иногда, что вовсе не так высоко летает, как ему думается.

Ф. Достоевский, 〈Скверный анекдот〉

그는 이따금 자신이 생각했던 만큼 높은 자리에 오르지 못했다고 비통하고 괴로운 생각에 잠기곤 했다.

2. [Марфа:] Уж что-то вы некстати очень высоко летаете, Евлалия Андреевна! Можно вам крылья-то и ошибить.

А. Островский, 〈Невольницы〉

[마르파] 당신, 어울리지 않게 높은 자리에 올랐네요, 에브랄리야 안드레예브나씨! 그런데 난 당신을 떨어뜨릴 수도 있어요.

어휘

• горечь 쓰라림, 비애; 쓴맛

• заноза 가시

• сознаваться 자인, 자백하다; (마음속으로) 인정하다

28 выводить/вывести + 목적격 + в люди: 사회적 지위를 갖게

만들다(돕다)

= помогать (*кому*) занять высокое или прочное положение

в жизни

예문

1. Он мечтал дать хорошее образование сыновьям и вывести их в

люди.

그는 자기 아들들을 훌륭하게 교육시켜 출세시키는 것을 꿈꿔왔다.

29 выходить/выйти в люди: (노력하여) 출세하다

= добиваться хорошего положения в жизни, в обществе

예문

1. Об одном я Бога молю: чтобы ты в люди вышёл, хорошим

человеком стал.

나는 한 가지만 기도한다. 네가 출세해서 훌륭한 사람이 되기만을...

2. Старики понимали выгоду просвещения, но только внешнюю его выгоду. Они видели, что уж все начали выходить в люди, то есть приобретать чины, кресты и деньги не иначе как только путём учения.

И. Гончаров, 〈Обломов〉

노인들은 배움의 이익을 이해하고 있었다. 그러나 표면적인 이익만을 알고 있었을 뿐이다. 그들은 많은 사람들이 다름아닌 단지 배움의 길을 통해서만 출세하기 시작했다는 것을 보아왔던 것이다. 즉 관직과 훈장, 돈을 얻는 것 말이다.

어휘

- **выгода** 이익, 벌이
- **просвещение** 교화, 계몽
- **приобретать** 획득하다
- **чин** 관등, 관위
- **крест** 십자훈장
- **не иначе** 별다른 방법이 없이

30 выходить/выйти сухим из воды: 무사히 피하다, 모면하다

1. Менеджер Ким на этот раз не выйдёт сухим из воды.

김 과장은 이번에 무사하지 못할 것이다.

2. Такие канальи всегда из воды сухими выходят.

그런 약삭빠른 인간들은 항상 잘 피해 다닌다.

어휘

• каналья 악당, 사기꾼, 약삭빠른 사람

31 гадать на кофейной гуще: 근거 없는 추측을 하다

예문

1. Не надо гадать на кофейной гуще.

근거 없는 추측을 하지 말자.

2. Перед завтраком они гадали на кофейной гуще, кто украл часы.

아침식사 전에 그들은 누가 시계를 훔쳐갔는지 근거 없는 추측을 했다.

어휘

- гадать 점치다, 추측하다
- кофейная гуща 커피찌꺼기(커피를 내리고 난 뒤의 앙금)

32 глаза разбегаются : 눈이 빙빙 돈다, 눈이 휘둥그레지다; 놀랍다('다양한 상품'이나 '많은 사람들'에 놀라다와 같은 다소 긍정적인 의미)

예문

1. Он знал, что тут собрана вся интеллигенция Петербурга, и у него, как у ребёнка в игрушечной лавке, разбегались глаза. Он всё боялся пропустить умные разговоры, которые он может услыхать.

Л. Толстой. 〈Война и мир〉

그는 이곳에 페테르부르크의 모든 지식인들이 전부 다 모인 것을 알았다. 그는 마치 장난감 가게에 온 아이 마냥 어리둥절하였다. 그는 들을 수 있는 지성인들의 대화를 놓칠까봐 내내 두려웠다.

- разбегаться/разбежаться 내달리다, 여러 방향으로 달리다

- лавка 조그만 상점

- игрушечная лавка 장난감 가게(< игрушка 장난감)

- пропустить 놓치다

---

33 глаза слипаются(закрываются) : (몹시 잠이 와서) 눈이 감긴다; 매우 졸리다

= сильно спать хочется

예문

1. От усталости сами закрывались глаза, но почему-то не спалось: казалось, что мешает уличный шум.

   А. Чехов. 〈Три года〉

   피곤해서 나도 모르게 눈이 감겼다. 그런데 왠지 잠이 오지 않았다. 거리의 소음이 방해했기 때문이리라.

어휘

- слипаться 서로 맞붙다

- спаться 잠이 오다, 잠잘 수 있다(3인칭 단수형 спится만 씀)

34 не успеть и глазом не моргнуть: 눈 깜짝할 사이에

1. Не успел мальчик и глазом моргнуть, как отец подхватил его сзади за локти, и он, срываясь, вскарабкался по звенящей алюминиевой лесенке в кабину самолёта.

　　В. Катаев, 〈За власть Советов〉

눈 깜짝할 사이에 아버지가 뒤에서 소년의 팔꿈치를 움켜잡았다. 그러자 그는 발을 헛디디며 금속성 소리가 울리는 알루미늄 계단을 올라가 비행기 객실로 사라졌다.

어휘

- моргать/моргнуть 눈을 깜박이다
- подхватить 움켜잡다, 움켜쥐다
- локоть (남성명사) 팔꿈치
- срываться 떨어지다; 헛디디다
- вскарабкаться 기어오르다, 간신히 오르다
- звенящий (〈звенеть 금속성의 소리가 울리다)
- лесенка 계단
- кабина 객실

35 гнуть спину(шею) перед + 도구격: 허리를 굽실거리다
= пресмыкаться

1. Он ни перед кем не гнул спины

그는 어느 누구에게도 허리를 굽히지 않았다

2. Неволя заставила его жениться, неволя заставила гнуть шею перед батюшкой, перед всем приходом, перед каждым мироедом.

Г. Успенский. 〈Из деревенского дневника〉

노예 신분이 그를 강제로 결혼시켰고 그로 하여금 교회 목사와 전 교구(敎區)에 그리고 모든 고리대금업자들에게 고개를 숙이도록 만들었다.

어휘

• спина 등

• шея 목

• неволя 노예·포로의 신분, 상태

• заставлять/заставить 강요하다, ~하게 만들다

• батюшка 아버지, 목사(정교회)

• приход 수입: 교구(敎區)

• мироед 고리대금업자, 착취자

36 голова у + 소유격 + варит (варила) : 머리 회전이 빠르다

1. Голова у неё не варит.

그녀는 머리가 안 좋다.

2. До сих пор голова у тебя варила неплохо.

지금까지는 네 머리가 잘 돌아갔었잖아!

3. Он решительно объявил, что голова его ничего не варит при тощем желудке.

И. Лажечников. 〈Последний новик〉

공복 시에는 머리가 전혀 돌아가지 않는다고 그는 딱 잘라 말했다.

어휘

- варить 끓이다, 달이다
- тощий 여윈, 빈약한
- желудок 위장
- тощий желудок 공복

37 давать/дать голову на отсечение + 수여격: 목숨을 걸고 맹세하다, 보증하다

= полностью ручаться за + 목적격

예문

1. Я вам голову дам на отсечение.

당신에게 목숨을 걸고 맹세하오.

2. "Мама", - кричала Наташа, - "я вам голову дам на отсечение, что это он!"

Л. Толстой. 〈Война и мир〉

"엄마" 나타샤가 소리쳤다.

"제가 목숨을 걸고 맹세할게요, 바로 그 사람이에요!"

어휘

• отсечение 잘라내는 것

• ручаться/поручиться + 수여격 + за + 목적격 ~에 대해 ~에게 책임지다, 보증하다

38 давать/дать маху: 실수하다, 실패하다

1. Да, дал маху, вчера.

그래, 어제 실수했어.

2. Эх, я маху дала, уступила тебе молодца.

앗, 나의 실수! 너한테 이런 멋진 남자를 양보하다니!

어휘

- мах 한 번 휘두름
- уступать/уступить 양보하다, 굴복하다

39 далеко пойти: 크게 성공하다

예문

1. Он далеко пойдёт.

그는 크게 성공할 것이다.

212

2. Вы, если бы захотели, могли бы пойти очень далеко.

А. Куприн. ⟨Молох⟩

당신이 원하기만 한다면 아주 크게 성공할 수 있었을 텐데.

---

40 делать/сделать из мухи слона: 침소봉대하다

　　= преувеличивать

예문

1. Мне кажется, ничего страшного здесь не случилось, не следует делать из мухи слона.

내가 보기에 이것은 별 일 아니에요. 너무 과장할 필요 없어요.

2. Вы не слушайте его, он из мухи делает слона.

그의 말을 듣지 마세요. 그는 침소봉대하고 있어요.

어휘

• муха 파리
• слон 코끼리

1. С кем вы посоветовались, когда стали делать карьеру?

당신이 성공하기 시작했을 때 누구와 상의했나요?

• карьера 출세

42 делать нечего : 어쩔 수 없다, 다른 방도가 없다

= другого выхода нет

= ничего не попишешь

= ничего не поделаешь

1. Что вы так на меня сердитесь? Нам с вами делать нечего. Давайте лучше будем хорошими партнёрами.

당신은 나한테 왜 그렇게 화를 내는 겁니까? 그래봐야 소용이 없어요.('화를

내봐야 소용이 없다'는 의미). 차라리 좀 더 좋은 파트너가 되도록 해요.

2. Делать нечего, придётся согласиться.

다른 방법이 없다. 동의하는 수밖에.

3. Жена моя лишилась отличной горничной, но делать было нечего: бсспорядок в доме терпеть однако же нельзя.

И. Тургенев. 〈Ермолай и мельничиха〉

나의 아내는 훌륭한 하녀를 잃었다. 그러나 어쩔 도리가 없었다. 집안의 혼란을 견뎌내는 것은 쉽지 않다.

어휘

- лишиться + 소유격 ~를 잃다
- горничная 하녀, 여종
- беспорядок 무질서, 혼란
- терпеть 참다

43 держать язык за зубами: 침묵을 지키다, 말을 참다

예문

1. Держи язык за зубами!

말을 좀 아껴라!

2. Придёт полк или нет – знать мы не можем, но одно знать мы обязаны: держать язык за зубами. О том, куда и зачем пошли два батальона, ни слова.

В. Вишневский. 〈Оптимистическая трагедия〉

연대가 올지 안 올지 알 수 없지만 한 가지 우리가 알아야만 하는 사실이 있다. 말조심하라는 것이다. 2개 대대가 어디로, 무엇 때문에 갔는지 한마디도 하지 말아라.

어휘

• полк 연대, 부대

• батальон 대대, 부대

44 душа (сердце) болит: 마음이 아프다, 가슴이 아프다

↔ душа (сердце) радуется: 마음이 기쁘다, 기분이 좋다

예문

1. У меня душа болит.

내 마음이 아프다.

2. У родителей всегда душа радуется за детей, когда те делают успехи.

부모는 자식이 성공하게 되면 언제나 기뻐한다.

3. Знал бы ты, как мучительно потерять уважение к человеку, как от этого сердце болит.

А. Писемский. ⟨Самоуправцы⟩

사람에 대한 존경심을 잃는다는 것이 얼마나 괴로운 일인지 그리고 그것 때문에 얼마나 마음이 아픈지를 네가 알았으면 한다.

어휘

- мучительный 괴로운
- уважение 존경

45 дышать на ладан: 임종에 있다, 죽어가다

= быть близким к смерти

1. Он на ладан дышит.

그는 임종을 맞이하고 있다.

2. Мешкать ей[бабушке] было нельзя, потому что она, как говорится, на ладан дышала, и тяжело было ей умирать, не пристроив своей родной внучки.

С. Аксаков. 〈Семейная хроника〉

그녀[할머니]는 꾸물대서는 안 되었다. 왜냐하면 그녀는 소위 임종을 맞이하고 있었기 때문이다. 친손녀를 출가시키지 못한 채 죽는다는 것이 그녀는 고통스러웠다.

어휘

• ладан 향(香)

• мешкать 꾸물거리다, 오래 끌다, 늑장부리다

• пристроить 직업, 자리를 마련하다 (출가, 취직시키다)

• внучка 손녀

46 ждать у моря погоды: 아무 것도 하지 않고 막연히 기회만 기다리다

= сидеть у моря и ждать погоды

1. И то для вас будет выгоднее, чем сидеть здесь и ждать у моря погоды. Поверьте мне, а я вас устрою.

Мамин-Сибиряк. 〈Хлеб〉

여기에 이렇게 앉아서 막연히 기회만 기다리는 것보다 그것이 당신에게 훨씬 이익이 될 것이오. 나를 한 번 믿어보시오. 내가 당신이 바로 서도록 해보겠소.

어휘

- **выгодный** 이익이 되는, 유리한, 유익한
- **устроить** (거처, 생활, 직업에 대해) 안정시키다

47 закрывать/закрыть глаза на + 목적격: 보고도 못 본 체하다, 묵과하다; 눈감아주다

= намеренно не замечать + 소유격 + важного, значительного

= смотреть сквозь пальцы

예문

1. Когда собралось обывателей с сотню, Крыницкий объявил своим зычным голосом: "Братцы, не стану закрывать вам глаза на правду! Холера появилась у вас в Козляевске!"

И. Потапенко. 〈Исполнительный орган〉

주민들이 많이 모였을 때 크리니츠키는 낭랑한 목소리로 발표했다.

"형제들이여, 더 이상 진실을 보고도 못 본체 할 수 없습니다. 콜레라가 당신네 마을 코즐랴예프스크에 발생했습니다."

어휘

- обыватель (남성명사) 정착자, 주민; 소시민
- сотня 100, (복수) 다수, 다량
- зычный 잘 울리는

48 знать себе цену: 자신의 가치를 알다, 자긍심을 갖다

예문

1. Это был человек с честолюбием, самонадеянный и знавший себе цену.

Ф. Достоевский. 〈Записки из Мёртвого дома〉

그는 야심과 자신감이 넘치며 우쭐대는 성격이었다.

어휘

- **честолюбие** 야심, 공명심
- **самонадеянный** 자기를 과신하는, 우쭐하는

49 иметь зуб на + 목적격: ~에 대해 이를 갈다, 앙심을 품다 = тайно ненавидеть + 목적격

예문

1. У Японии всегда был зуб на Россию.

일본은 항상 러시아에 대해 이를 갈아 왔다.

2. Скажи, за что ты на меня зуб имеешь?

말 좀 해봐, 너는 무엇 때문에 나한테 앙심을 품고 있는 거니?

3. Почему имеете зуб на меня?

왜 나에게 앙심을 품고 있죠?

4. Капитан хоть и говорит свои речи улыбаясь, но очевидно имеет против него зуб, неудовольствие.

Г. Успенский. 〈Из деревенского дневника〉

선장은 비록 웃으며 말하지만 보아하니 그에 대해 불만을 갖고 이를 갈고 있는 게 분명하다.

어휘

- ненавидеть 증오하다
- капитан 함장, 선장, 육군대위

50 играть первую скрипку: 주역을 하다, 주도적 역할을 하다

cf) играть вторую скрипку: 2인자 역을 하다, 부차적 역할을 하다

= играть вторые роли

= быть на вторых ролях

예문

1. Болтун может иногда играть первую скрипку, не сразу его раскусишь, не сразу поймёшь.

С. Киров. 〈Статьи и речи 1934〉

가끔 수다쟁이가 주역으로 등장할 수 있지만 그의 본질을 금방 알아채고 파악하기는 어려울 거야.

2. Френсис милостиво позволял английскому поверенному воображать, что Англия играет первую скрипку в делах интервенции.

Н. Никитин. 〈Северная аврора〉

프렌시스는 영국 공사(公使)가 영국이 내정 간섭에 주역을 담당하고 있다고 착각하도록 내버려 두었다.('진실을 말하지 않았다'는 의미)

- **болтун** 수다쟁이, 허풍쟁이

- **раскусить** 이해하다, 납득하다

- **милостивый** 친절한; 관대한; 관대한 척하는

- **позволять/позволить** 허락하다, 가능케 하다

- **поверенный** 대리인(**поверенный в делах** 대리 대사, 공사)

- **воображать** 상상, 생각하다

- **интервенция** 간섭(외세의)

---

51 идти в гору: 출세하다, 탄탄대로를 가다, 호전되다, 발전하다

↔ идти под гору: 악화되다, 강등되다, 쇠퇴하다

예문

1. Защитив диссертацию, Иванов быстро пошёл в гору, выйдя к 35 годам в доценты.

박사학위를 받은 후 이바노프는 36세에 부교수가 되는 출세가도를 달렸다.

2. Теперь наше предприятие ещё быстрее пойдёт в гору.

이제 우리 기업은 더욱 비약적으로 발전할 것이다.

3. Я не знаю причины, почему он не пошёл в гору, не составил себе карьеры, как его товарищи.

И. Тургенев. 〈Литературные и житейские воспоминания〉

나는 그 이유를 모르겠다. 왜 그가 자신의 동료들처럼 출세가도를 달리지 않았는지 말이다.

4. Дсла сго вовсе под гору пошли. Охотиться стало не на что, последние денежки перевелись, последние люди разбежались.

И. Тургенев. 〈Конец Чертопханова〉

그의 일은 완전히 악화되었다. 남은 돈도 바닥나 사냥도 못 할 지경이었고 마지막 사람(하인)들도 뿔뿔이 흩어져버렸다.

어휘

- защищать/защитить 방어하다
- диссертация 학위논문
- доцент 부교수
- предприятие 계획, 기업
- вовсе 완전히(= совсем, совершенно)；전혀, 절대
- составить себе карьеры 출세하다
- охотиться 사냥하다, 찾다, 구하다
- перевестись 없어지다(돈이)
- разбежаться (많은 사람이) 흩어져 달아나다

52 идти навстречу + 수여격: ~에게 동조, 협조하다

1. Моя жена шла мне во всем навстречу.

아내는 모든 일을 나에게 동조했다.

2. Мой начальник пошёл мне навстречу и изменил расписание.

나의 상사는 나에게 협조하여 시간표를 변경했다.

3. Вы уж пойдите мне навстречу, помогите, соседушка, закончить обследование.

В. Гроссман. 〈За правое дело〉

이웃집에 사시는 선생님, 저에게 협조 좀 해주시겠어요? 조사를 끝내도록 도와주세요.

어휘

- изменять/изменить 변경하다
- расписание 시간표, 예정표, 일정표
- соседушка 이웃
- обследовать 조사, 탐구하다

53 идти(быть) на поводу у + 소유격: ~가 시키는 대로 하다, ~에 얽매이다

예문

1. Сейчас она идёт на поводу у отца.

지금 그녀는 아버지가 시키는 대로 하고 있다.

2. Родители ни в коем случае не должны идти на поводу у своих детей.

부모는 어떤 경우라도 아이들이 하자는 대로 해서는 안 된다.

3. Он был на поводу у меня.

그는 나에게 코가 꿰어 있었다.

4. "Стыдно! Безответственно!" – кричал он срывающимся голоском.

"Пойти на поводу у мальчишки! Перечеркнуть свою научную карьеру!"

В. Кетлинская. 〈Иначе жить не стоит〉

"창피하다! 무책임하다!" 그는 떨리는 목소리로 소리쳤다.

"애송이가 시키는 대로 하다니! 학술 실적을 모조리 망쳤군!"

- повод 동기, 원인; 말고삐
- безответственный 무책임한
- срываться 갑자기 나오다(소리, 말)
- срывающийся голос 떨리는 목소리(억양이 갑자기 올라가는 목소리)
- перечеркнуть （모조리） 지워버리다

---

54 идти/ходить по миру: 걸식하다, 극히 가난하다

예문

1. Фирма его обанкротилась, и он пошёл по миру.

그의 회사가 도산해서 그는 깡통을 찼다.

2. Дед был богат, сын нуждается, внук идёт по миру.

А. Пушкин. 〈Роман в письмах〉

할아버지는 부자였지만 아들은 가난했고 손자는 거지가 되었다.

어휘

- банкротиться/обанкротиться 파산하다, 도산하다, 망하다
- нуждаться 가난하다, 곤궁하다

55 идти/пойти по стопам : ~의 예를 따르다

1. Отец Сыма Цяня был историком, и Сыма Цяня пошёл по его стопам.

사마천의 아버지는 역사학자였는데, 사마천도 아버지의 뒤를 따랐다.

2. Тысячи вскружили ему голову. Он потерял под собой почву и пошёл по стопам отца... Он поехал в Париж.

А. Чехов. 〈Ненужная победа〉

큰돈이 그의 정신을 빼놓았다. 그는 자신의 기반을 상실하고 아버지의 뒤를 따랐다. 그는 파리로 떠났다.

어휘

- стопа 발바닥
- вскружить + 수여격 + голову 열중하게 하다, 자신을 잊도록 만들다
- почва 기반, 토대

56 идти прахом: 수포로 돌아가다

1. Операция пошла прахом из-за вашей лени.

당신의 태만 때문에 작전이 수포로 돌아갔다.

2. У меня было здесь солидное заведение. Ну, что делать! Заведение пошло прахом, осталась квартира до срока.

В. Короленко. 〈Без языка〉

나에게는 이곳에 튼튼한 회사가 있었다. 그러나 이제 어쩐다지? 사업은 수포로 돌아가고 기한이 남은 아파트만 남았다.

어휘

- прах 티끌, 재
- лень (여성명사) 나태, 태만
- солидный 견고한, 견실한
- заведение 시설, 시설물; 업체

57 извиваться ужом: 아첨하다

= вертеть хвостом (책임을 피하려고) 말을 돌리다

1. Он сейчас ужом извивается перед шефом.

그는 지금 상사에게 아첨하고 있다.

2. Я слишком горд, слишком благороден, чтобы извиваться перед вами ужом.

В. Белинский. ⟨Письмо Г. Н. и М. И. Белинским 17 февр. 1831⟩

나는 당신에게 아첨하기에는 너무나 자신만만하고 고매한 사람입니다.

('아첨하지 않겠다'는 의미)

어휘

• **извивать/извить** 감다, 완전히 구부리다

• **уж** 율모기 종류

• **шеф** 대장(chief), 리더, 후원자: 상사 = **начальник**

• **гордый** 자신만만한, 거만한

• **благородный** 출생이 좋은, 고결한

58 как гора с плеч свалилась: (어깨에서 산이 떨어지듯) 후련하다, 속 시원하다

1. У меня будто гора с плеч свалилась.

나는 속이 다 후련하다.

2. Сонвон сдал все экзамены и у него как гора с плеч свалилась.

성원은 모든 시험을 통과했고 속이 다 시원했다.

3. Хотя помещики были люди не строгие, а добрые и даже слабые, но все как будто гора у всех свалилась с плеч после их отъезда.

С. Аксаков. 〈Наташа〉

비록 지주들이 엄하지 않고 선하고 심지어 마음이 약한 사람들이었지만 모두들 그들이 떠난 뒤 마음 속이 후련해지는 것 같았다.

어휘

- сваливаться/свалиться 쓰러지다, 떨어지다
- помещик 지주, 지주 귀족

232

59 как пить дать : 꼭, 틀림없이 = наверняка

1. Эта фирма обанкротится, как пить дать.

이 회사는 틀림없이 파산할 것이다.

2. Никто-то и никогда про это не спрашивал... 'А эти... спросят. Как пить дать, спросят!' - думал Карпухин.

Б. Горбатов. 〈Карпухин с Полыньи〉

그 누구도, 단 한 번도 이것에 대해서 물은 적이 없었다.

'그래도 이 사람들은... 물어볼 거야. 틀림없이 물어볼 거야!'

카르푸힌은 생각했다.

어휘

• банкротиться/обанкротиться 파산하다, 파멸하다

60 как с неба свалился (свалилась, свалились): (하늘에서 떨어진 것처럼) 갑자기 나타나다

1. Ты что, с неба свалилась?

넌 뭐야, 어디에서 갑자기 떨어진 거냐?

2. Очень рад видеть тебя, ..но я удивлён... Ты точно с неба свалилась.

А. Чехов. ⟨Скучная история⟩

너를 보니 무척 기쁘다. 하지만 난 좀 놀랐구나, 네가 갑자기 나타나서 말이야.

• **удивиться** + 수여격 ~에 깜짝 놀라다

61 капли в рот не брать/взять : 술을 전혀 마시지 않다

예문

1. Ну, а сын его и капли в рот не берёт.

그리고 그의 아들은 술을 전혀 입에도 대지 않는다

2. Когда-то порядочный человек водки в рот не брал, не наедался до изнеможения сил.

Салтыков-Щедрин. 〈Губернские очерки〉

한때 고상한 사람은 보드카는 전혀 마시지 않았다. 그렇게 몸을 못 가눌 정도로 마시지 않았다.

어휘

- порядочный 훌륭한, 고상한
- наедаться 배불리 먹다
- изнеможение 쇠약, 기진맥진

62 кружить голову + 수여격: ~의 머리를 어지럽게 하다, 현혹시키다; 꼬리를 치다, 유혹하다

1. Она кружит голову молодым людям.

그녀는 젊은 사람들을 현혹한다.

2. Особенно вскружило головы женщинам открытие Америки и её золотые прииски.

В. Боткин. 〈Письма об Испании〉

특히 여자들을 현혹시킨 것은 아메리카의 발견과 그곳의 금광이었다.

어휘

• прииск 광갱, 채광장

63 лезть(идти) на рожон : 위험한 일을 감행하다; 위험을 자청하다

예문

1. Не лезь ты на рожон! Плохо кончишь!

위험한 일을 감행하지 마. 결과가 안 좋을 거야!

2. Всякий, кто критикует начальство, лезет на рожон.

상사를 비판하는 사람은 모두 위험을 자처하는 것이다.

3. Мать, схватив его за руку, потащила за собой, ворча: - ̏ Обещал вместе с Пашей, а сам лезет на рожон один!"

М. Горький. 〈Мать〉

어머니는 그의 팔을 붙잡아 끌어당기며 중얼거렸다.

"파샤와 약속해놓고... 혼자 위험을 자처하다니...!"

어휘

• **рожон** 비스듬히 세운 뾰족한 말뚝

• **схватить** 잡다, 붙들다

• **потащить** 잡아당기다, 질질 끌다

• **ворчать** 중얼거리다, 불평을 하다

64 ловить/поймать + 목적격 + на слове: 약속을 지키도록 하다, 말한 것을 지키도록 하다

예문

1. Я ловлю тебя на слове.

약속했잖아, 약속 지켜.(네가 스스로 약속했으니 이제 꼭 지켜야 돼)

2. "А если вас там встретит девушка с кружкой горячего кофе, с бутербродом и пачкой папирос – это вам не понравится?"

"Понравится. Ловлю вас на слове!" – сказал Махов.

В. Ажаев. 〈Далеко от Москвы〉

"그곳에서 아가씨가 뜨거운 커피와 샌드위치와 궐련으로 당신을 맞이한다면 기분 좋지 않겠어요?"

"기분 좋을 거예요. 이제 당신 약속한 겁니다. 알겠지요?"

마호프가 말했다.

어휘

- кружка 손잡이가 달린 컵

- бутерброд 샌드위치

- пачка (한) 갑, (한) 포, (한) 팩; 다발

65 махнуть рукой на + 목적격: 내버려두다, 방치하다; 포기하다

= перестать обращать внимание, интересоваться

예문

1. Он давно уже махнул на жизнь рукой и живёт нехотя.

그는 이미 오래 전에 삶을 체념하고 마지못해 살아가고 있다.

2. На тебя я рукой махнул.

나는 너를 포기했다.

3. Впрочем, Валентина Михайловна, кажется, махнула на меня рукой. Я в её глазах - пропащая!

И. Тургенев. 〈Новь〉

게다가 발렌찌나 미하일로브나 선생님은 저를 포기한 것 같아요. 제가 그녀 눈에는 가망이 없는 여자로 보이나 봐요.

어휘

• нехотя 마지못해, 할 수 없이
• пропащий 도저히 구하기 힘든, 가망이 없는

66 наделать много шуму(шума): 커다란 센세이션을 일으키다, 파장을 일으키다

1. Книга Эдуарда Саида 'Ориентализм' наделала много шума в кругах историков.

에드워드 자이드의 저서 '오리엔탈리즘'은 역사학자들 사이에서 큰 반향을 불러일으켰다.

2. Эта книга наделала шуму и шла нарасхват.

이 책은 센세이션을 일으켜 날개 돋친 듯 팔렸다.

어휘

• идти нарасхват 날개 돋친 듯 나가다(팔리다) (〈 нарасхват(부사) 앞을 다투어)

67 надувать/надуть губы: 뚱해지다, 뾰로통해지다, 불만스런 표정을 짓다

예문

1. "Я рассержусь" - прибавила она с кокетливой ужимкой и надула губки.

И. Тургенев. 〈Накануне〉

"나, 화낼 거야."

그녀가 애교 있는 표정으로 덧붙였고 뾰로통해졌다.

2. Меня обидели его слова. Он заметил это.

"Ты что губы надул? Ишь ты!"

М. Горький. 〈Детство〉

나는 그의 말에 자존심이 상했다. 그는 이를 눈치 챘다.

"너 왜 토라지냐? 너도 참!"

어휘

- надуть 바람을 불어넣다
- рассердиться 노하다, 화를 내다
- прибавить 부가, 첨가하다
- кокетливый 요염한, 아양을 떠는
- ужимка 거드름을 피우는 몸짓, 얼굴표정, 찡그린 얼굴
- обидеть 모욕감을 일으키게 하다

68 называть/назвать вещи своими именами : 노골적으로 말하다, 솔직히 말하다

= говорить прямо, ничего не скрывая о + 전치격

1. Но прошу называть вещи своими именами.

하지만 숨기지 말고 있는 그대로 말씀해주시길 바랍니다.

2. Я называю вещи собственными именами. Я часто завидую вам, вашему спокойствию и чистой совести.

Ф. Гаршин. 〈Надежда Николаевна〉

나는 솔직히 말씀드리는 겁니다. 나는 당신을 자주 부러워한답니다. 당신의 조용한 성품과 순수한 마음을요.

어휘

• завидовать 부러워하다

• спокойствие 평온, 침착

• совесть 양심

69 находить/найти общий язык: 합의를 보다, 타협점을 찾아내다 ('상호 이해에 도달하다' 의 의미), 말이 통하다

= добиваться взаимопонимания, договариваться

1. По дороге в Вешенскую они заговорили о создавшемся положении и очень быстро нашли общий язык.

М. Шолохов. ⟨Тихий Дон⟩

베센스카야로 가는 도중에 그들은 발생한 상황에 대해서 이야기를 나누기 시작했고 곧바로 말이 통했다.

• создаться 일어나다, 생기다
• положение 상황, 정세

70 нечего сказать : 말할 것도 없이(그렇고말고!); 할 말이 없다

1. Нечего сказать, удобная комната. Нечего сказать, хорошо.

말할 나위 없이 편안한 방이군요. 참 좋아요!

2. Я уже описывал вам расположение комнат : оно - нечего сказать
- удобно, это правда, но как-то в них душно.

Ф. Достоевский. 〈Бедные люди〉

내가 이미 당신에게 방의 위치에 대해서 묘사한 적이 있지요. 말할 나위 없이
편안해요. 사실이죠. 하지만 왠지 답답해요.

어휘

- **описывать** 기술, 묘사하다
- **расположение** 배치, 위치
- **душный** 무더운, 답답한

71 обводить/обвести(обернуть) + 목적격 + вокруг пальца:
~을 교묘히 속이다

= ловко, искусно обманывать, проводить + 목적격

예문

1. У всего поселка особенное отношение к Захарке. Захарка - мошенник и обернёт каждого вокруг пальца.

А. Серафимович. 〈Город в степи〉

마을 주민들 전부가 자하르카와 특별한 관계에 있다. 자하르카는 사기꾼이어서 사람들을 누구나 교묘히 속여 넘길 수 있다.

어휘

- **обводить/обвести** 우회시키다, 주위를 걷게 하다
- **обёртывать/обернуть** 휩싸다: 둘러싸다
- **посёлок** 마을, 부락
- **мошенник** 사기꾼, 협잡꾼

72 открывать/открыть Америку: 이미 알고 있는 사실을 새삼스럽게 이야기하다

= говорить, объявлять о том, что давно известно

= изобретать велосипед

예문

1. Мне приходилось, например, открывать заново Америку. Изобрёл я однажды усовершенствованный однолинзовый окуляр. А через пятнадцать лет я узнал, что точно такой окуляр уже был изобретён и описан полвека назад.

Е. Строгова. 〈Магия зеркал〉

일례로 나는 이미 다 아는 사실을 또다시 이야기한 적 있습니다. 나는 어느 날 렌즈 하나짜리 개량 접안렌즈를 발명했습니다. 그러나 15년 뒤에 나는 바로 그 접안렌즈가 이미 50년 전에 발명되어 기술되었음을 알게 되었습니다.

어휘

- **заново** 새롭게
- **изобрести** 발명하다, 고안하다
- **усовершенствовать** 개량, 개선하다
- **линза** 렌즈
- **окуляр** 접안렌즈

246

73 падать/пасть, упасть духом : 기가 죽다, 의기소침하다

= унывать, отчаиваться

예문

1. Я уже падала духом, приходила в отчаяние, но он только усмехался.

이미 나는 기가 죽어 낙심하고 있는데도 그는 미소만 짓고 있었다.

2. Дай Бог, чтобы наступающий год немного снисходительнее отнёсся к вам, чем этот, а главное – не падайте никогда духом.

А. Куприн, 〈Чудесный доктор〉

다가오는 새해가 올해보다 당신에게 좀 더 수월해지기를 빌겠고, 무엇보다 결코 낙심하지 마세요.

3. Но только увидела она входящих в дом полицейских, сразу упала духом.

В. Саянов, 〈Лена〉

그러나 집에 들어오는 경찰들을 보자마자 그녀는 바로 낙담하였다.

어휘

- усмехаться/усмехнуться 조용히 웃다, 미소짓다
- снисходительный 관대한, 관용의

- относиться/отнестись к + 수여격 ~에 대해 ~한 태도를 취하다
- входящий(명사) (< входить 들어오다)
- полицейский 경찰의, 경찰관

74 палец о палец не ударить: 손가락 하나 까딱 않다, 일을 전혀 도와주지 않다

= ничего не сделать, ничем не помочь + 수여격

예문

1. Всем хорош у неё муженёк, а по даму палец о палец не ударил.
그녀의 남편은 다 좋은데 부인한테는 전혀 무심했다.

2. Как вышел из университета, так и не ударил пальцем о палец, даже ни одной книжки не прочёл.

А. Чехов, 〈Три сестры〉

대학을 나온 후 손가락 하나 까딱 하지 않았어요. 심지어 책 한 권도 읽지 않았다니까요.

3. Ты же в хозяйстве и пальцем о палец не ударишь! Какой ты мне помощник! Воды и то не принесёшь.

М. Шолохов, 〈Поднятая целина〉

너는 집안일은 손가락 하나 까딱 하지 않잖아! 네가 나한테 무슨 도움이 되겠니! 물 한번 갖다 주지 않으니...

어휘

- хозяйство 가정, 살림
- помощник 원조자, 조수

---

75 перевёртываться, переворачиваться/перевернуться в гробу: 관에서 돌아눕다, 부처님도 놀라 자빠지다(놀라움을 익살스럽게 표현)

예문

1. Я перевернулся бы в гробу.

나라면 놀라 자빠졌을 것이다.

2. Если бы Пётр Ильич слышал сейчас эту игру, он, наверное, перевернулся бы в гробу!

표트르 일리치 〈차이코프스키〉가 지금 이 연주를 들었다면 그는 분명히 놀라 자빠졌을 거야!

• перевёртываться : переворачиваться/перевернуться 뒤집히다, 전도되다

---

76 переводить/перевести дух : 숨을 돌리다(심호흡하다), 잠깐 쉬다

예문

1. И он остановился на минуту, чтобы перевести дух.

그리고서 그는 숨을 돌리려고 잠깐 멈췄다.

2. Три дня я толкался беспрестанно и наконец теперь только перевёл дух.

3일 동안 나는 쉬지 않고 돌아다녔는데 이제서야 한 숨 돌리게 되었다.

3. Несколько раз Иван Ильич останавливался – перевести дух. Идти было трудно против ветра и дождя.

А. Толстой, 〈Хождение по мукам〉

이반 일리치는 숨을 돌리기 위해 몇 번이나 멈춰 섰다. 바람과 비를 맞으며 걸어가기가 힘들었다.

4. Всё это время я работал, как говорится, не переводя духа, дни и ночи.

А. Никитенко, ⟨Записки и дневник⟩

그 시기에 나는 말하자면 숨 돌릴 틈도 없이 밤낮으로 계속 일했다.

어휘

- останавливаться/остановиться 멈추다, 정지하나
- толкаться/толкнуться 서로 떠밀다, 일없이 돌아다니다, 어슬렁거리다
- беспрестанно 끊임없이 (< беспрестанный 중단 없는, 멈출 줄을 모르는)
- как говорится 말하자면, 이른바

---

77 перегибать/перегнуть палку в + 전치격: 지나치게 행동하다, 너무 하다

= впадать в излишнюю крайность в + 전치격

예문

1. Я уверен, мы перегнули палки в этом деле.

나는 우리가 이번 일에서 너무 했다고 확신한다.

2. Он, по-моему, перегибает палку.

내 생각에 그는 너무 한다.

- перегибать/перегнуть 구부리다, 꺾다

- палка 막대기, 몽둥이, 지팡이

---

78 плакать/плакаться в жилетку + 수여격: (동정을 사려고) 자신의 신세를 한탄하다, 동정을 사려고 푸념하다

= жаловаться на свою судьбу, стараясь вызвать сочувствие

예문

1. Что же, мы с тобой в отсталых дураках через год окажемся? Будем ходить в дирекцию да в завком и плакаться в жилетку?

В. Кочетов, 〈Журбины〉

그나저나 일 년 뒤 너와 나는 완전히 바보가 되는 것 아닐까? 공장장 사무실과 공장 위원회 사무실을 전전하며 신세한탄이나 하고 있겠지?

어휘

- жилетка(지소체) (< жилет 조끼)

- жаловаться/пожаловаться 불평, 고통, 푸념을 말하다

- **вызывать/вызвать** 호출하다, 불러일으키다, 야기하다
- **сочувствие** 동정심
- **отсталый** 뒤처진, 낙오자
- **оказаться** 판명되다; ～이다
- **дирекция** 관리부, 감독부
- **завком** 공장위원회 = **заводский комитет**

---

79 **плестись в хвосте**: 남들보다 뒤처지다, 남의 뒤를 따라 느릿느릿 걸어가다

= **отставать от других в + 전치격**

예문

1. Он всегда плетётся в хвосте.

그는 항상 남보다 뒤처진다.

2. И вот отстававшие бригады стали выправляться. Вскоре та из них, что ещё не давно плелась в хвосте, дала рекордную выработку для всего Донтуннельстроя.

Б. Полевой, 〈Туннель в степи〉

이렇게 해서 뒤처져있던 작업반들이 힘을 내기 시작했다. 그중 얼마 전 까지만

해도 꼴찌를 달리던 작업반중 하나인 그 작업반이 전체 돈강 지역 터널공사 작업반 중 기록적인 생산성을 올렸다.

어휘

- **плестись** 겨우 걷다, 천천히 걷다

- **хвост** 꼬리

- **отставать** 처지게 되다

- **бригада** 여단, 조, 반

- **выправляться** 회복되다, 좋아지다

- **выработка** 생산고

- **туннель** (남성명사) 터널

---

80 плыть по течению : 추세에 따라 행동하다, 일이 되어 가는 형편에 맡기다

= действовать пассивно

↔ плыть против течения 시류에 역행하다, 흐름을 거슬러 가다

예문

1. Это была натура рыхлая, ленивая, до полного равнодушия к себе, и плывшая по течению неизвестно куда и зачем. Куда его вели, туда и шёл.

А. Чехов, 〈Рассказ неизвестного человека〉

그는 자신에게 철저히 무관심할 정도로 나약하고 게으른 사람이었다. 어디로 무엇 때문에 가는 지도 모르고 세상이 흘러가는 대로 따라 다녔다. 그냥 끌리는 데로 가는 사람이었다.

어휘

- **рыхлый** 부서지기 쉬운, 약한

- **натура** 본질, 기질

- **равнодушие** 무관심

---

81 поджимать/поджать(прижимать/прижать) хвост: 몸을 사리다, 입을 다물다 ('몸조심하다'의 의미), 겁을 집어먹다

예문

1. **Перед лицом опасности он всегда поджимает хвост.**
위험에 봉착하면 그는 항상 몸을 사린다.

어휘

- **поджимать/поджать** 꽉 누르다, 단단히 누르다

- **прижимать/прижать** 꽉 누르다, 압박하다

- **перед лицом** + 소유격 ~의 면전에서, ~앞에서

82 подливать/подлить масла в огонь : 불에 기름을 붓다, 관계를 긴장시키다

예문

1. Политические ошибки президента подлили масла в огонь этого конфликта.

대통령의 정치적 실책은 이 갈등에 기름을 붓는 격이었다.

2. Аненька хотела было возразить, однако поняла, что это значило бы только подливать масла в огонь, и смолчала.

Салтыков-Щедрин, 〈Господа Головлёвы〉

안넨카는 반대하고 싶었다. 그러나 그렇게 하면 오히려 사태를 악화시킬 수 있다고 알았기 때문에 침묵했다.

3. А Коврин работал с прежним усердием и не замечал сутолоки. Любовь только подлила масла в огонь. После каждого свидания с Таней, он, счастливый, восторженный, шёл к себе и с тою же страстностью, с какою он только что целовал Таню и объяснялся ей в любви, брался за книгу или за свою рукопись.

А. Чехов, 〈Чёрный монах〉

그런데 코브린은 전과 마찬가지로 열심히 일했고 주변에서 일어나는 동요에 대해 무관심했다. 사랑이 그 불꽃에 기름을 더 부었을 뿐이었다. 타냐를 만나고

나면 언제나 그는 행복했고 의기양양해져 자기 방으로 돌아가곤 했다. 그리고 책이나 원고를 집어 들고는 방금 타냐에게 키스하고 사랑을 맹세했던 것과 똑같은 정열로 책을 읽거나 원고를 썼다.

어휘

- **возражать/возразить** 반대하다, 항의하다
- **молчать/смолчать** 침묵하다(대답하지 않다)
- **усердие** 열심
- **сутолока** 혼잡, 군중
- **свидание** 밀회, 랑데부
- **рукопись** 필사의 문서, 원고

83 поднимать/поднять(ставить/поставить) на ноги : 기르다, 독립시키다, 키우다; (경제적으로 독립할 수 있도록) 도와주다

예문

1. **Мой научный руководитель поднял меня на ноги, дав возможность защитить докторскую диссертацию.**

나의 지도교수는 박사논문이 통과되도록 함으로써 나를 도와주셨다.

2. У тебя сынок. Надо его вырастить, на ноги поставить.

Ф. Гладков, ⟨Повесть о детстве⟩

너한테는 아들 녀석이 있잖니. 그 아이를 길러서 독립시켜야 한다.

3. Ты думаешь – легко мне? Родила детей, нянчила, на ноги ставила – для чего?

М. Горький, ⟨В людях⟩

한번 생각해봐라. 나라고 쉬웠겠니? 아이들을 낳아 먹이고 성장시켰다. 근데 결국 왜 그런 거야?

어휘

- **вырастить** 양육하다, 기르다
- **нянчить** (어린애를) 돌보다

84 поднимать/поднять + 목적격 + на смех: 웃음거리로 만들다, 조롱하다

= высмеивать + 목적격

예문

1. Заведующий департаментом Ким поднял меня на смех.

김부장은 나를 웃음거리로 만들었다.

2. Мне стыдно... Я не знаю, что со мной делается, а они поднимают меня на смех.

А. Чехов, ⟨Три сестры⟩

창피해... 내가 어떻게 되어가고 있는지 모르겠어. 그들이 나를 웃음거리로 만들고 있어.

어휘

• делаться (어떤 일이) 일어나다, 생기다

85 поднимать/поднять руку на + 목적격:

① (때리기 위해) 치켜 올리다 = пытаться ударить + 목적격

② 살해할 목적으로 모의하다, 노리다

③ 투쟁을 시작하다

1. Бывало, что её обижали, притесняли, но никто ещё не поднимал на неё руку.

그녀가 모욕 받고 학대받는 경우가 가끔 있었지만 그러나 누구도 그녀를 때린 적은 없었다.

2. –А мы хотим с ними покончить! Это же и твои враги. Почему же ты боишься поднять руку на них? Где же твоя совесть?

Н. Островский, 〈Рождённые бурей〉

우리는 그들을 끝장내고 싶어. 결국 너의 적이기도 하잖아. 무엇 때문에 그들을 없애는 것을 두려워하지. 네 양심은 도대체 어디 있는 거야?

3. [Клавдия]: Аркадий, зачем ты читаешь такие скверные книжки?

[Аркадий]: А! Ты на всю литературу подняла руку.

А. Н. Толстой, 〈Молодой писатель〉

[클라우디아]: 아르까지, 너는 왜 그런 추악한 책들을 읽는 거니?

[아르카지]: 저런! 너는 모든 문학에 반기를 드는 거야.

어휘

- **обижать/обидеть** 심하게 대하다, 모욕감을 주다, 화나게 만들다
- **притеснять/притеснить** 학대하다, 박해하다
- **покончить с** + 도구격 ~을 근절하다, 제거하다
- **бояться** 두려워하다
- **скверный** 추악한, 부정한

---

86 подумать только!: 아니, 저런(놀람, 경악), 이럴 수가!

예문

1. Скажи на милость! В какую ты честь попал, Гришка! За одним столом с настоящим генералом! Подумать только!

М. Шолохов, 〈Тихий Дон〉

아이구 저런! 그리쉬카, 네가 이런 명예를 얻다니! 진정한 장군과 한 테이블에 앉다니! 오오, 놀라워라!

- милость 친절, 은총

- Скажи на милость! 어서 말해봐! 이럴 수가!

- честь （여성명사） 명예

- попасть （어떤 상태에） 빠지다 (попасть в честь 명예를 얻다)

---

87 показать + 수여격 + кузькину мать : 혼내주다(위협하는 말)

예문

1. Мой старший брат тебе покажет кузькину мать!
내 형이 너를 혼내줄 거야!

2. Я ему покажу кузькину мать!
내가 그를 손보마!

3. Покажи им кузькину мать - пусть наших знают.
그 놈들 손 좀 봐서 우리가 누군지 알게끔 해!

4. "Дай срок", -говорит он, -"я этому подлецу буфетчику покажу кузькину мать."

А. Толстой, 〈Актриса〉

"조금 있어 봐!" 그가 말한다.

"내가 그 비열한 식당 종업원 녀석을 혼내줄 테니."

5. Как оштрафуют его, мерзавца, так он узнаёт у меня, что значит собака и прочий бродячий скот! Я ему покажу кузькину мать!

А. Чехов, 〈Хамелеон〉

이런 더러운 족속한테 벌금을 물리면 이 자도 개하고 떠돌아다니는 짐승을 어떻게 대해야 하는지 알게 될 테지! 단단히 혼을 내줄 거야.

어휘

- кузькина мать (< кузька 갑충류의 하나 = хлебный жук)
- срок 기한, 기간 (дайте срок 여유를 주시오)
- подлец 야비한 놈, 비열한 놈, 더러운 놈
- буфетчик 식당 종업원 (буфет(식당))
- оштрафовать 벌금을 부과하다, 과태료에 처하다
- мерзавец 파렴치한, 더러운 놈, 한심한 놈

положить + 수여격 + конец: ～을 종식시키다, 끝장내다

예문

1. Он хотел сразу положить этому конец.

그는 이것을 바로 끝내고자 했다.

2. Теперь всему этому надо положить конец, изжить это как можно быстрее и решительнее.

이제 이 모든 것을 끝장내야 하며 가능한 빨리 그리고 단호히 근절해야 한다.

89 поставить крест на + 목적격: ～을 포기하다, ～을 단념하다

= махнуть рукой

= потерять всякую надежду на + 목적격

예문

1. В банке, видимо, на Старобровского поставили крест и не считали нужным даже отвечать на его письма.

Мамин-Сибиряк, 〈Хлеб〉

은행에서는, 보아하니, 스타로브롭스키를 이미 포기했고 그의 편지에 답장조차 할 필요가 없다고 판단한 듯 했다.

어휘

- крест 십자가

- считать + 도구격 ~라고 생각하다, 여기다

---

90 приводить/привести + 목적격 + в себя:

~을 정신 차리게 하다(취하거나 다른 생각에 빠져있는 상태, 또는 좌절에 빠지거나 산만한 상태로부터), 안정시키다

예문

1. Он привёл меня в себя своим вопросом.

그는 질문을 함으로써 나를 정신 차리게 했다.

2. Алексей на мгновение потерял сознание, но то же ощущение близкой опасности привело его в себя.

Б. Полевой, 〈Повесть о настоящем человеке〉

알렉세이는 순간 의식을 잃었지만 위험이 임박했다는 바로 그 느낌이 그를 정신 차리게 만들었다.

3. Она улыбнулась и не той обычной, насильственной своей улыбкой, а – хорошей, и это тотчас же привело Клима в себя.

М. Горький, 〈Жизнь Клима Самгина〉

그녀는 미소 지었지만 평소의 억지웃음이 아닌 진정으로 기분 좋은 미소였다. 그리고 그 미소가 클림을 안정시켰다.

어휘

- **мгновение** 순간
- **сознание** 자각, 의식
- **ощущение** 느낌, 감각
- **опасность** (여성명사) 위험
- **насильственный** 강제적인, 억지로 행한

---

91 приказать долго жить: 세상을 떠나다, 죽다, 없어지다(고인에 대해 존경의 의미가 약한 표현)

예문

1. Вдруг раз получаю я письмо от матушки. Она пишет, что отец приказал долго жить, и наказывает, чтобы я домой приезжал.

한번은 갑자기 엄마한테서 편지를 받았다. 엄마는 아버지가 죽었다고 쓰시면서 내가 집으로 돌아오기를 명하셨다.

2. -Здорово. Чего надо?

-Да вот барыня прислала об сапогах.

-Что об сапогах?

-Да что об сапогах! Сапог не нужно барину. Приказал долго жить барин.

-Что ты!

-От вас до дома не доехал, в возке и помер.

Л. Толстой, 〈Чем люди живы〉

-어서 오게. 무슨 볼일이지?

-장화 때문에 마님의 심부름을 왔지요.

-장화 때문에?

-장화인지 뭔지, 하여간 장화는 이제 필요 없게 되었어요. 주인 나리는 저 세상으로 갔으니까요.

-아니 뭐라고?

-여기서 저택으로 돌아가는 도중 마차 안에서 죽었어요.

어휘

- наказывать/наказать 명하다, 분부하다
- барыня 지주귀족의 부인, 마님
- прислать (물건을) 보내오다
- барин 지주귀족, 주인
- возок 마차
- помереть 죽다

92 приложить к + 수여격 + руки: ~에 손을 대다; 관여하다
= серьёзно заняться + 도구격
= начать делать + 목적격

1. Я тоже приложил руку к созданию русской кафедры в этом университете.

나도 이 대학의 러시아어과 설립에 관여했었다.

2. Многие меня хвалили, находили во мне способности и с состраданием говорили: "Если бы приложить руки к этому ребёнку!"

А. Герцен, 〈Былое и думы〉

많은 사람들이 나를 칭찬했고 나에게서 재능을 발견했고 연민을 가지고 말했다.

"이 아이를 제대로 교육시킬 수만 있다면"

어휘

- хвалить 칭찬하다
- сострадание 동정, 연민

93 притягивать/притянуть за волосы (за уши): 억지로 갖다 붙이다, 견강부회(牽强附會)

예문

1. Это притянуто за волосы.

이것은 억지다.

2. Шпионаж тут притянут за волосы.

А. Луначарский, 〈О театре〉

여기에는 억지로 스파이를 꾸며댄 것이다.

어휘

- притягивать/притянуть 끌어당기다
- шпионаж 간첩행위, 스파이행위

94 пропускать/пропустить + 목적격 + сквозь пальцы:
간과하다, 놓치다

(cf) смотреть + 목적격 + сквозь пальцы:

못 본 척 넘어가다

예문

1. Он много прощал, или, лучше, пропускал сквозь пальцы.
А. Герцен, 〈Былое и думы〉

그는 다 용서했다. 아니 무시하고 지나갔다고 하는 편이 나을 것이다.

2. Милиция смотрит сквозь пальцы на действия мафии.

경찰은 마피아의 활동을 못 본 체하고 있다.

어휘

• прощать/простить 용서하다

95 протягивать/протянуть свои щупальца: (마수의 손을) 뻗치다; 영향력을 확대하다

= распространять своё влияние

예문

1. Эта фирма протягивает свои щупальца к автомобильной индустрии.

이 기업은 자동차 사업에도 손을 뻗쳤다.

어휘

• щупальце 곤충의 촉수, 촉각, (문어, 오징어 등의) 다리

96 разводить/развести руками: 어찌할 바를 모르다(당황, 경악의 상황)

예문

1. Малышка при смерти, врачи руками разводят, мать с ног сбилась. Б. Полевой, ⟨Консультация⟩

아이는 죽어가고 있는데, 의사들은 어찌할 바를 모르고, 아기 엄마는(아이를 구하려고 여기저기를 돌아다니다가) 지쳐있었다.

- **разводить/развести** 분산시키다, 갈라놓다
- **сбиться** 길을 잃다, 망설이다(сбиться с ног 여기저기를 돌아다니다가 지치다)

97 руки не доходят/не дойдут/не дошли до + 소유격: ~에까지 미치지 못하다(시간, 여유), ~할 시간(여유)이 없다

예문

1. У меня не доходят руки до этого.

나는 이 일에까지는 신경을 쓰지 못하고 있다.

2. У меня сейчас руки не доходят до научной работой.

나는 지금 학술적인 일에는 신경을 쓰지 못하고 있다.

3. "Мы сломаем это старьё и выстроим новую усадьбу," говорил Семён Васильич, показывая жене всё жильё. "Это давно следовало сделать, но как-то руки не доходили."

Мамин-Сибиряк, ⟨Мать-мачеха⟩

"우리는 이 헌 집을 허물고 새 저택을 지을 거요."

세묜 바실리치가 아내에게 건물을 보여주며 말했다.

"오래 전에 했어야했는데 왠지 그럴 여유가 없었소."

어휘

- **сломать** 부수다, 허물다
- **старьё** 고물, 폐물
- **выстроить** 준공하다
- **усадьба** 시골의 대저택: 지주귀족의 별장
- **жильё** 주거, 거주

---

98 рукой подать до + 소유격: 아주 가깝다, 엎드리면 코 닿는 거리 = довольно близко

예문

1. От города Соннама до Сеула рукой подать.

성남에서 서울까지는 아주 가깝다.

2. Мне до дома рукой подать.

우리 집 까지는 아주 가깝다.

3. От рудника до конторы рукой подать, но за этот короткий путь он много раз переходил от радости к отчаянию, от разочарования к надежде.

탄광에서 사무소까지는 엎드리면 코 닿는 거리이다. 그러나 이 짧은 거리를 그는 기쁨과 절망, 환멸과 희망 사이를 수없이 왔다 갔다 했다.

4. Когда же до холмиков оставалось рукой падать – метров двести, а то и меньше, – оттуда сразу ударили пулемёты.

К. Симонов, 〈Пехотинцы〉

구릉까지 얼마 남지 않았을 때, 그러니까 200 미터 정도 아니 그보다 더 가까웠을 때 그쪽에서 갑자기 기관총이 불을 품었다.

어휘

- **рудник** 광산, 광갱(鑛坑)
- **контора** 사무소, 영업소
- **холм** 언덕, 구릉(**холмик** -지소형)
- **ударять/ударить** 때리다, 습격하다
- **пулемёт** 기관총

99 сводить/свести концы с концами: 겨우 생계를 유지하다, 간신히 입에 풀칠하다

1. Наша семья не может свести концы с концами.

우리 가정은 겨우 생계를 유지할 수도 없다.

2. Содержание было недостаточно для того, чтобы хоть как-нибудь сводить концы с концами.

봉급은 어떻게든 생계를 꾸리기에도 부족한 것이었다.

3. Содержатели частных театров так бедны, что едва сводят концы с концами; плата авторам должна окончательно разорить их.

사설극장의 소유주는 겨우 생계를 꾸려갈 정도로 가난하다. 작가들에게 지급되는 보수는 결국 그들을 파산시킬 수밖에 없을 것이다.

어휘

- содержание 내용, 함유물, 봉급
- содержатель (남성명사) 소유주, 임자
- плата 임금, 보수

- **окончательно** 결정적으로, 완전히
- **разорить** 파산시키다

---

100 сидеть на шее у + 소유격: ～의 부양을 받고 살다('부담을 지우며, 폐를 끼치며'), ～의 덕으로 살아가다, ～에게 경제적으로 의존하여 살다, ～에게 빈대 붙다

예문

1. Он сидит на шее у родителей.

그는 부모의 도움을 받으며 살고 있다.

2. Оба брата и сестра с детьми - здоровые, молодые люди - сидели на шее старухи, питаясь милостыней, собранной ею.

М. Горький, 〈Мои университеты〉

아이들이 딸린 세 남매는 건강하고 젊은 사람들이었음에도 노파가 구해온 구걸품으로 먹고 살았다.

- питаться + 도구격 생계를 꾸려나가다

- милостыня 희사하는 금품 (просить милостыню 구걸하다)

101 склонять/склонить голову перед + 도구격: 머리를 숙이다(동의, 양보, 패배)
① 패배를 인정하다
② 존경하다

예문

① "Только вы, ребята, не уступайте," -закричали в толпе. - "Головы перед ними не склоняйте".

В. Саянов, 〈Лена〉

"애들아, 절대 굴복하지 마라." 군중에서 외침소리가 들렸다.

"기죽으면 안 돼"

② Я склоняю голову перед павшими героями.

나는 호국 영령 앞에 머리를 숙입니다.

- уступать 양보하다, 굴복하다, 뒤지다
- павший(명사) 전몰자 (< падать/пасть 쓰러지다, 전사하다)

102 смотреть;глядеть + 수여격 + в рот: (복종하는 태도로) 경청하다, 귀담아 듣다

예문

1. Он всё время смотрит в рот начальнику отдела.

그는 내내 부장의 말을 경청하고 있다.

2. Не шумели, не галдели и оратору глядели прямо в рот.

Д. Бедный, 〈Друг надёжный〉

웅성거림도, 떠드는 소리도 없이 모두들 연사의 말을 집중하여 경청했다.

어휘

- шуметь 웅성거리다, 떠들다
- галдеть 떠들다, 소리 지르다
- оратор 연설가

103 смотреть;глядеть на + 목적격 + косо : 삐딱하게 보다, 싸늘한 눈으로 보다, 흘겨보다(불만, 미움); 째려보다

예문

1. Статья сама по себе незначительна, но на меня давно смотрят косо.

신문기사 그 자체는 별게 아니나 오래 전부터 사람들이 나를 삐딱한 시선으로 보고 있다.

2. В Корее на иностранцев иногда смотрят косо.

한국에서는 외국인을 가끔 싸늘한 눈초리로 본다.

어휘

- **косой** 비스듬한, 비뚤어진
- **незначительный** 사소한, 경미한

104 смотреть;глядеть на + 목적격 + сквозь пальцы: 못 본 체 하다, 묵과하다
= сознательно не замечать + 목적격

1. Правительство Кореи часто смотрит сквозь пальцы на иностранных нелегальных рабочих.

한국 정부는 불법 외국근로자를 종종 못 본체하며 넘어간다.

2. [Пикарцева]: Племянник мой молод, горяч, благороден, как все Пикарцевы, а вы смотрите сквозь пальцы на ежедневные прогулки его с вашей внучкой.

А. Островский, 〈Старое по-новому〉

[피카르체바]: 내 조카는 젊고 열의 있고 훌륭한 사람이에요, 피카르체프 가문 사람들이 다 그러하듯 이요, 그런데 당신은 그가 당신 손녀와 날마다 데이트하는 것을 그냥 묵과하시다니요.

어휘

• племянник 조카
• горячий 열렬한, 성급한
• благородный 출생이 좋은, 고상한
• прогулка 산보, 산책

105 собаку съел (съела, съели)：귀신이다, 꿰뚫고 있다, 경험
이 아주 풍부하다

= приобрёл большой опыт, основательные знания в
+ 전치격

예문

1. Менеджер Ким в этом деле собаку съел.

김 과장은 이 일에는 귀신이다.

2. Прохор приглашал и Протасова：тот универсально образован и в
горном деле собаку съел.

В. Шишков, 〈Угрюм-река〉

프로호르는 프로타소프도 초빙했다. 그 자는 다양한 분야에서 교육을 받았고
광산 일에는 통달한 사람이었다.

어휘

- универсальный 일반적인, 보편적인
- образовать 교육하다, 형성하다
- горный 산의, 채광의 (горное дело 채광)

106 спит и видит: 꿈에서 보다, 몹시 원하다(갈망하다)

= страстно желает + 소유격

= мечтает о + 전치격

예문

1. Он спит и видит хоть на часок побывать в Париже.

그는 잠깐이라도 파리에 몹시 가고 싶어한다.

2. У меня дядюшка на Москве спит и видит, когда уж я статским советником стану.

Ю. Тынянов, 〈Кюхля〉

모스크바에 있는 나의 삼촌은 내가 5등문관이 되기를 손꼽아 기다리신다.

3. Братец спит и видит попасть в городские головы.

Мамин-Сибиряк, 〈Наследник〉

형은 시장직에 진출하기를 몹시 바라고 있다.

- стать + 도구격 ～가 되다

- статский 문관의

- советник 문관 관등의 명칭(статский советник 5등 문관)

- попасть (어느 상태 속에) 들어가다

- голова 장 (городская голова 시장)

---

107 сровнять + 목적격 + с землёй: (철저히) 파괴하다, 싹 쓸어 없애다

= стереть/снести с лица земли

예문

1. Монголы сровняли с землёй девятиэтажную пагоду монастыря Хваннёнса.

몽고인들은 황룡사 9층탑을 완전히 파괴해버렸다.

어휘

- сравнивать/сровнять 평탄하게 만들다, 균등하게 하다

- пагода 탑

108 становиться/стать(подниматься/подняться) на ноги:

자립하다(제 발로 일어나다, 제 구실을 하다, 스스로 일어서다)

예문

1. Пока мой сын окончательно не стал на ноги, мы обязаны помогать ему.

내 아들이 완전히 자립할 때까지 우리는 그 녀석을 도와줄 의무가 있다.

2. Тысяча рублей, которые были у его жены, помогут ему стать на ноги.

그의 처가 가지고 있던 1000루블은 그가 스스로 일어서는데 도움이 될 것이다.

3. [Анна Устиновна]: Эта девушка, как только на ноги поднялась, так семью кормить стала, с утра до ночи работает, отдыху не знает.

А. Островский, 〈Пучина〉

[안나 우스치노브나]: 이 아가씨는 자립하자마자 식구를 먹여 살리기 시작했고 쉬는 것도 모르고 아침저녁으로 일한다.

어휘

• кормить 부양하다

109 становиться/стать на дороге (пути): ～의 길에 서 있다, 길을 막다, 방해가 되다

= стоять на пути (дороге)

= стать + 수여격 + поперёк дороги

↔ отходить в сторону, посторониться, уступить

예문

1. На его дороге лучше не становится.

그를 막지 않는 것이 좋을 것이다.

2. Если женщина станет поперёк моей дороги, то она должна идти за мной: мою дорогу не прерывают безнаказанно.

Ф. Достоевский, 〈Подросток〉

만약 여자가 나의 앞길에 방해가 된다면 그녀는 내 뒤로 물러나야 한다. 내 길을 차단하면 안 된다.

3. Фаина гневалась на Супругова за то, что он не обращал на неё внимания: ни одной другой женщине она не позволила бы стать ей поперёк дороги.

В. Панова, 〈Спутники〉

파이나는 그가 그녀에게 관심을 갖지 않는다는 이유 때문에 수프루고프에게

격분했다. 그녀는 어떤 여자도 그녀의 앞길에 방해가 되는 것을 허용하지 않을 것이다.

어휘

- **поперёк** + 소유격 횡단하여, 가로로, 반대로
- **прерывать/прервать** 끊다, 차단하다, 중지시키다
- **безнаказанный** 벌할 수 없는, 벌을 받지 않는
- **гневаться** 분노하다, 격분하다
- **позволять/позволить** 허락하다, 용인하다

110 стоять/стать за + 목적격 + горой: 확실하게 비호하다, 전력을 다해 옹호하다

1. Наш класс очень дружный. Каждый стоит горой за своего одноклассника.

우리 반은 아주 우의가 돈독한 학급이다. 각자 서로 서로를 위해 확실하게 감싸준다.

2. Он стоит горой за армию.

그는 전력을 다해 군부를 옹호하고 있다.

3. Брата Григория Мелехова арестовать вряд ли есть смысл. За него горой стоит Фомин.

М. Шолохов, 〈Тихий Дон〉

그리고리 멜레호프의 형을 체포하는 것은 의미가 있을 리 없다. 포민이 확실히 그의 뒤를 봐주기 때문이다.

어휘

• арестовать 체포하다

111 сходить/сойти с ума: 정신 나가다, 미치다

1. Детский врач внезапно сошла с ума.

소아과 여의사는 갑자기 정신이 나갔다.

2. Страшно тяжёл был последний год ссылки, но он не сошёл с ума и не спился, хотя выпивал часто и много.

В. Гроссман, 〈Степан Кольчугин〉

유형의 마지막 해는 끔찍할 정도로 힘들었다. 하지만 그는 미치지도 않았고 알콜 중독자가 되지도 않았다. 자주 폭음을 하긴 했지만.

어휘

- ссылка 추방, 유형
- спиться 알콜 중독자가 되다
- выпивать 술을 마시곤 하다

IV 일상 편지(이메일) 표현

01 편지를 시작하는 표현 (~에게)

Уважаемый ~.

존경하는 ~.

Многоуважаемый ~.

존경하고 존경하는 ~.

= Глубокоуважаемый

Дорогой ~.

소중한 ~. (친구나 친척에게)

Господин ~!

~씨! (선생님)

Милый ~.

친애하는 ~.

Любимый ~.

사랑하는 ~.

Родной ~.

그리운 ~.

1. Дорогая Минха! Большое спасибо за твоё письмо.

소중한 민하야! 편지 고마워.

2. Господин Ким!

김 선생님!

3. Миша, дорогой! Приехал вчера в Сеул, осмотрелся и хочу описать свои впечатления...

소중한 미샤! 어제 서울에 도착했고 구경을 했어. 여기서 느낀 인상들을 적어볼게.

4. Голубчик мой, родная Оленька! Как я скучаю без тебя!

내 사랑, 보고 싶은 올렌카! 네가 없으니 얼마나 쓸쓸한지 아니?

02 서두의 인사말 표현

Здравствуй(те)!
안녕(하세요)!

Добрый день!
안녕하세요!

Разрешите поприветствовать Вас!
인사드립니다!(매우 공식적인 표현)

= Позвольте поприветствовать Вас!

Рад Вас приветствовать!
인사드리게 되어 기쁩니다!

Привет!
안녕!

Здорово!
안녕! (아주 친근한 사이)

1. Глубокоуважаемый Ким, рад приветствовать Вас из Москвы!

존경하고 존경하는 김 선생님, 모스크바에서 인사드리게 되어 기쁩니다.

2. Здравствуйте, Минсу! Шлю Вам привет из Минска и наилучшие пожелания!

민수씨, 안녕하세요? 민스크에서 안부를 보냅니다. 잘 지내길 바래요.

03 편지 말미의 끝인사

С (глубоким, искренним) уважением, Коля.

존경을 보내며, 콜랴가.

= С почтением, Коля.

= С уважением и почтением, Коля.

= Уважающий Вас, Коля.

Крепко жму руку.

악수합시다.

Целую.

뽀뽀!

Обнимаю и целую.

포옹과 키스를 보내며...

Ваш ~.

당신의 ~.

Всегда Ваш ~.

당신의 영원한 ~.

Любящий тебя（Вас）.

너를(당신을) 사랑하는 ~.

До свидания!

안녕히 계세요!

До скорого свидания!

만날 때까지 안녕(잘 있어요)!

Всего хорошего!

잘 지내세요!

Всего доброго!

안녕히 계십시오!(아주 공식적인 표현)

До встречи!

만날 때까지!(잘 있어요!)

= До скорой встречи!

С приветом.

안부를 보내며...

Будьте здоровы.

잘 지내세요.

Счастливо!

행복해(요).

Всего!

모든 일이 순조롭기를...

Привет!

안녕!

Пока.

그럼, 안녕!

04 편지글을 끝내는 문장들

На этом я заканчиваю.

이만 줄일게(요).

Пора заканчивать.

여기서 끝낼게(요).

(Ну) вот и всё.

이게 전부야(에요).

Вот такие дела новости.

이게 새로운 소식이란다(소식이에요).

05 요청의 표현

Очень прошу Вас (тебя).

부탁합니다.(부탁해)

Хочу попросить Вас（тебя）.

꼭 부탁이에요.

Мне хочется попросить Вас（тебя）.

부탁 좀 드리고 싶은데요.

Не забывай（-те）

잊지 마（세요）.

Пиши（-те）

답장해（주세요）!

= Напиши（-те）

Не забывай（-те）писать.

답장 잊지 마（세요）.

Пиши（-те）о себе.

근황 좀 알려줘（요）.

= Пиши（-те）о своих делах.

= Пиши（-те）о том, как живёшь（живёте）.

Пиши（-те）о работе.

일이 잘 되가는 지 알려줘（요）.

= Пиши（-те）, как идут твои（Ваши）дела.

06 편지를 계속 주고받자는 제안의 표현

С большим нетерпением жду Вашего ответа.
당신의 답장을 고대하며...

С огромным интересом жду Вашего письма.
당신의 편지를 기다리며...

С огромным нетерпением жду Вашего сообщения.
당신의 소식을 고대하며...

Очень хочу получить Ваш ответ.
답장을 받고 싶어요.
 = Очень надеюсь получить Ваше письмо.

Хотел бы получить твой ответ.
답장 해줄 거지?

Надеюсь, что быстро ответишь.
곧바로 답장해줄 거지?
 = Надеюсь, что скоро напишешь.

Ещё раз разрешите поблагодарить Вас ...

다시 한 번 당신께 감사드립니다.

Ещё раз позвольте поздравить Вас ...

다시 한 번 축하드립니다.

Ещё раз хотелось бы извиниться перед Вами ...

다시 한 번 사과드립니다.

Ещё раз благодарю Вас (тебя) за + 목적격

~에 대해 다시 한 번 감사드려요.

Ещё раз поздравляю Вас (тебя) с + 도구격

~을 다시 한 번 축하드려요.

Ещё раз желаю Вам (тебе) ...

다시 한 번 부탁드려요.

Ещё раз извините (меня) за + 목적격

~에 대해 다시 한 번 사과드려요.

---

08 안부를 전해달라는 부탁의 표현

Привет твоему мужу (твоей жене).

부군께(부인께) 안부 전해줘.

Прими(-те) привет от моего мужа (моей жены).

우리 신랑(아내가)이 안부 전해달래(요).

Передайте (сердечный, горячий) привет (Вашему, твоему) супругу.

부군께 저의 (진심의, 뜨거운) 안부 꼭 전해주세요.

Передайте (сердечный, горячий) привет (Вашей, твоей) супруге.

부인께 저의 (진심의, 뜨거운) 안부 꼭 전해주세요.

Хочу (хотел бы) передать привет (поздравление) Вашим коллегам.

동료분들께 안부(축하 인사) 전해주시길 바래요.

Кланяйся/кланяйтесь от меня твоему （твоей/ Вашему/ Вашей）
папе （маме）.

너(당신)의 아버지(어머니)께 안부 말씀 드려줘(주세요).

* кланяться 절을 하다

09 추신의 표현

Дополнительно сообщаем, что ...

추가로 알려드립니다.

Ещё я хочу добавить （прибавить）, что ...

덧붙이고 싶은 말이 있거든요.

Ещё новость.

소식이 더 있어.

Сейчас узнал, что ...

방금 ～을 알게 되었어.

Сейчас мне сообщили, что ...

방금 이런 소식을 들었어.

Сейчас мне сказали, что ...

방금 이런 이야기를 들었어.

Сейчас мне передали, что ...

방금 이런 이야기를 전해 들었어.

예문

1. Целую. Всегда твоя Валя. Совсем забыла написать, что вчера встретила Олега. Он передавал тебе большой привет. Ещё раз крепко целую.

뽀뽀! 영원한 너의 발랴. 어제 알레그를 만난 것을 깜빡 잊고 쓰지 못했네. 알레그가 너에게 안부 꼭 전해달래. 다시 한 번 찐하게 뽀뽀!

2. Кажется, всё. Заканчиваю. Пиши, жду с нетерпением ответа. Ещё раз извини за долгое молчание. Жму руку.

이게 전부인 것 같은데. 이만 쓸게. 답장해. 기다리고 있을테니. 오랫동안 연락 못해서 다시 한 번 미안해. 자, 악수!

10 소식 전하기

Я немного расскажу о себе.
나에 대해서 약간 이야기해볼게.

Я в несколько словах напишу о событиях.
그 사건에 대해 몇 마디 써볼게.

Я немного сообщу о новостях.
새로운 소식 몇 가지 전할게.

Расскажу (начну) по порядку.
차근차근 말할게.(차근차근 시작할게)

Новости такие. Во-первых, ... Во-вторых, ... В-третьих, ...
이런 소식들이 있단다. 첫째..., 둘째..., 셋째...

Вот некоторые (главные) новости (события).
자, 몇 가지(중요한) 소식(사건)이 있어.

У меня есть для тебя (Вас) новость (известие, сообщение).
자, 소식이 있단다. (자, 이런 소식이 있어요).

У меня есть для тебя (Вас) масса (много) новостей (известий).

소식이 아주 많아.(새로운 소식이 아주 많습니다).

Масса (много, никаких) новостей (событий, известий).

소식이 아주 많아.(소식이 하나도 없어).

Особых новостей (событий, известий) нет.

특별한 소식(일)이 없어.

Ничего нового.

새로운 일은 없어.

У нас всё по-старому.

우리는 변한 게 하나도 없어.

Дела мои идут нормально (хорошо, неважно, по-старому).

하는 일은 정상적이야(잘 되고 있어, 그럭저럭 진행되고 있어, 전과 같아)

cf) Жизнь моя идёт нормально (хорошо, неважно, по-старому).

Ты (Вы) спрашиваешь(-ете), что (у нас) нового.

뭐 새로운 일이 없냐고 물었지?

Ты（Вы）пишешь(-ете), что（у нас）нового.

뭐 새로운 일이 없냐고 했지?

Знаешь(-ете), что произошло(случилось)?

무슨 일이 있었는지 아니?

Знаешь(-ете), какие новости?

무슨 소식이 있는지 아니?

Знаешь, что（у нас）нового?（произошло?, случилось?）

나한테 무슨 소식이 있는지 아니? (나한테 무슨 일이 있었는지 아니?)

Знаешь, что у нас?

나한테 무슨 일이 있었는지 아니?

Дело в том, что, ...

사실은 이렇단다,

В нескольких словах расскажу о себе, о наших новостях. У меня всё по-старому：учусь, отдыхаю, занимаюсь спортом. Потрясающая новость：наконец-то женился Вадим. Представляешь?

나에 대해서, 우리 소식에 대해서 몇 마디 할께. 나는 모든 게 이전과 같아.

공부하고 휴식을 취하고 운동을 하지. 그런데 깜짝 놀랄 소식이 있어. 바짐이 마침내 결혼했대. 상상이 가니?

11 답장

В ответ на (отвечая на, отвечаем на) Ваше письмо от 3-го Марта 2003 сообщаем, что, ...
2003년 3월 3일에 보내신 당신의 편지에 다음과 같이 답장을 올립니다.(공식 서한)

Ваше письмо (Ваш ответ, письмо от Вас) я получил.
당신의 서신 잘 받았습니다.

В ответ на Ваше (твоё) письмо сообщаю, что ...
당신의 서신에 대한 답변으로 다음과 같이 알려드립니다.

Из Вашего (твоего) письма я узнал.
당신의 서신을 통해서 나는 알게 되었습니다.

Долго (давно, уже месяц) не писал Вам (тебе).
오랫동안(한 달 동안) 네게 편지를 하지 못 했구나.

1. Уважаемый профессор Ким! Получил Ваш ответ на моё письмо и хочу поблагодарить Вас за отзывчивость и внимание ко мне.

존경하는 김 교수님! 제 편지에 대한 교수님의 답신을 받았습니다. 답신과 관심에 감사 올립니다.

2. Дорогая Леночка! Пишу тебе только сейчас, так как наконец-то закончил экзамены.

소중한 레나! 이제야 당신께 편지 쓰게 되었어, 시험이 마침내 끝났거든.

12 안부 묻기

Как Вы живёте?

어떻게 지내세요?

= Как Вы поживаете?

Как идут дела?

일은 잘 되시나요?

Как Вы себя чувствуете?

요즘 기분이 어떠세요?

Как Ваше（твоё）здоровье?

건강은 어떠세요?

Всё ли у Вас（тебя）хорошо?

모든 게 좋으세요?

Как жизнь?

생활은 어때요?

Что нового?

뭐 새로운 거라도 있나요?

Чем Вы（сейчас）занимаетесь?

(요즘) 무슨 일 하시나요?

Чем Вы（сейчас）увлекаетесь?

(요즘) 어떤 일에 관심이 많으세요?

13 안부에 대한 대답

Вы спрашиваете, как мы живём (как я живу, как наша (моя) жизнь, как наши (мои) дела, как моё здоровье).

우리가 어떻게 지내냐고(내가 어떻게 지내냐고, 우리 생활이 어떠냐고, 제 건강이 어떠냐고) 물으셨죠?

У нас (меня) всё хорошо (прекрасно, в порядке, по-старому, без изменений, как и раньше, не очень хорошо).

우리는(나는) 모든 게 좋아(훌륭해, 정상적이야, 전과 같아, 변함없어, 전과 똑같아, 그렇게 좋진 않아)

Дела идут неплохо (хорошо, неважно, по-старому, без изменений, как и раньше, не очень хорошо).

하는 일은 그저 그래(좋아, 별로야, 전과 같아, 변함없어, 전과 똑같아, 그렇게 좋진 않아)

예문

1. Дорогой Николай! Как ты там? Жив-здоров? А дела как? Мы живём ничего. Всё успеваем. На днях встретил Валерку. Он велел передать тебе привет. Успехов тебе и здоровья.

소중한 니콜라이! 그곳에서 어떻게 지내? 건강하지? 하는 일은 어떻고?

우리는 별일 없이 잘 지내. 모든 게 잘 되어가고 있어. 며칠 전에 발레리를 만났어. 안부 전해달라고 하던데. 하는 일 잘되고 건강하길 빌게.

14 만족, 기쁨의 표현

Я (мы) очень рад (рада, рады).
아주 기뻐(요)!

Я (мы) счастлив (счастлива, счастливы).
행복해(요)!

Как я рад (рада).
얼마나 기쁜지 모르겠네.

Я так рад (рада).
정말 기뻐요.

Меня обрадовало (тронуло) Ваше письмо.
당신 편지 받고는 너무 기뻤어요(감동받았어요).

С радостью (с удовольствием) читал Ваше письмо.
정말 기쁘게(만족하여) 당신의 편지를 읽었어요.

1. Добрый день, дорогая Валя! Как я рада, что получила от тебя два письма.

안녕, 소중한 발랴! 너한테 편지를 두 통 받아서 얼마나 기쁜지 몰라.

15 사과의 표현

Извини(те).

미안해(요).

Прости(те).

용서해(요).

Разрешите принести свои глубокие извинения.

진심으로 사과드리니 받아주세요.

Хочу (хотел бы, должен) **извиниться** (просить) **извинения.**

사과를 드리고 싶습니다.

= Мне (хочется, хотелось бы, нужно, необходимо, надо) извиниться (просить) извинения.

Я виноват (виновата) перед Вами.

잘못은 저에게 있습니다.

Мне стыдно, что не ответил на письмо.

답장을 못 해서 창피하군요.

Боюсь, что я обидел (обидела) Вас (тебя).

당신께 무례를 범하지 않았나 걱정입니다.

예문

1. Я должна извиниться перед Вами, уважаемый Семён Борисович, за то, что не смогла выполнить Ваше поручение.

존경하는 세묜 선생님. 선생님께서 부탁하신 일을 하지 못한 점 사과드립니다.

2. Извините за то, что не смог ответить Вам на письмо в срок. Я в последнее время был очень занят.

당신께 기일 내에 답장을 드리지 못한 점 용서하세요. 최근에 아주 바빴거든요.

16 축하의 표현

Поздравляю Вас (тебя) с праздником!

명절을 축하드려요.

= Я хочу поздравить Вас с праздником.(공식적 표현)

= С праздником!

Поздравляю Вас (тебя) с Новым годом!

새해를 축하드려요

= Я хотел бы поздравить Вас с Новым годом.(공식적 표현)

= С Новым годом!

Поздравляю Вас (тебя) с Днём рождения!

생일을 축하드려요

= Мне хочется поздравить Вас с Днём рождения.

= С Днём рождения!

Поздравляю Вас (тебя) с окончанием университета!

대학 졸업을 축하드려요

= Мне хотелось бы поздравить Вас с окончанием университета.

(공식적 표현)

От всего сердца (от всей души, искренне, горячо) поздравляю Вас с праздником (с Новым годом, с Днём рождения, с окончанием университета).

진심으로(온 마음으로, 열렬히, 뜨겁게) 명절을(신년을, 생일을, 대학 졸업을) 축하드려요

---

17 바람(желание)의 표현

Желаем (желаю) Вам успехов (здоровья, счастья).

당신의 성공을(건강을, 행복을) 바랍니다.

От всего сердца(от всей души, искренне, горячо) желаем(желаю) Вам успехов(здоровья, счастья).

진심으로(온 마음으로, 열렬히, 뜨겁게) 당신의 성공을(건강을, 행복을) 바랍니다.

18 편지에 대한 칭찬의 표현

Ваши письма интересны (очень мне нравятся, интересно читать).
당신의 편지는 재미있습니다(아주 맘에 들었습니다, 재미있었습니다).

Вы замечательный (прекрасный) корреспондент (стилист).
당신은 훌륭한(멋진) 통신원(문장가)이에요.

Я люблю(мне нравится, мне приятно) получать Ваши письма
(читать Ваши письма).

저는 당신의 편지를 읽는 것을 좋아합니다.

= Я так (как я) люблю получать Ваши письма!

Ваши письма для меня большая радость, (огромное счастье).
당신의 편지는 저에게 큰 기쁨입니다(커다란 행복입니다).

Вы (ты) добрый (внимательный, отзывчивый, душевный, чуткий)
человек.

당신은 착한(주의 깊은, 다정한) 분이세요.

19 위안의 표현

Я хочу(хотел бы, мне хочется, мне хотелось бы) Вас утешить (успокоить).

당신을 위로해드리고 싶어요.

Я Вас понимаю.

당신을 이해합니다.

= Я так вас понимаю.

Успокойтесь!

진정하세요.

= Успокойся!

= Не волнуйтесь!

= Не волнуйся!

Забудь(-те) об этом.

그 일은 잊어버리세요.

= Надо забыть это.

Не думай(-те) об этом (о том, что случилось).

그 일은(그 일에 대해서는, 일어났던 일에 대해서는) 생각하지 마세요.

= Не надо думать об этом.

Не вспоминай(-те) этого (об этом; того, что случилось).

그 일은(그 일에 대해서는; 일어났던 일에 대해서는) 기억하지 마세요.

Соберитесь с силами.

힘을 내세요.

Не обращай(-те) на это внимания .

그 일에는 관심 두지 마세요.

Не надо волноваться.

흥분할 필요 없어요.

Не надо терять выдержки.

인내심을 잃으면 안 돼요.

Не надо падать духом.

기죽지 마세요.

Надо надеяться на лучшее.

더 좋은 일을 기대하세요.

Всё будет хорошо.

모든 게 잘 될 거예요.

= Всё закончится хорошо.

Всё обойдётся.

모든 게 지나갈 거예요.

= Всё пройдёт.

Всё бывает.

별일이 다 있게 마련이지요.

Это бывает у каждого.

누구에게나 있는 일이에요.

Вы не виноваты.

당신은 잘못이 없어요.

= Это не Ваша вина.

예문

1. Маша, ты жалуешся на неудачи в работе, и я тебе очень сочувствую. Но это бывает у каждого. Не принимай всё так близко к сердцу. Ты способный и умный человек.

마샤, 하는 일이 잘 안되어 속상하지? 나도 네 마음을 이해해. 하지만 누구나 겪는 일이야. 너무 마음에 담지 말고 살아. 너는 능력 있고 영리하거든.

20 부탁, 제안의 표현

Разрешите（позвольте）попросить Вас（посоветовать Вам, предложить Вам）...

당신께 부탁을(조언을, 제안을) 드릴 수 있을까요?

Очень прошу Вас（тебя）...

당신께 부탁드립니다.

= Хочу попросить Вас ...

= У меня к Вам просьба.

= Обращаюсь к Вам с просьбой.

Предлагаю Вам...

제안합니다.

= Мне хотелось бы предложить Вам ...

Советую Вам ...

충고 드리지요.

Очень прошу Вас, напишите（пришлите, сообщите, передайте）.

부탁인데요, 편지해주세요(알려주세요, 전달해주세요).

Хочу попросить Вас сообщить мне (написать мне).

저에게 알려주시기를(저에게 편지해주시기를) 부탁드리고 싶어요.

Можно ли мне (я могу ли) попросить Вас сообщить мне ...?

저에게 알려주시면 안 될까요?

Не трудно ли Вам принять мою просьбу написать мне(зайти ко мне)?

저에게 편지 써주십사(저에게 들려주십사) 하는 저의 제안을 받아주실 수 있지요?

---

21 초대의 표현

Я приглашаю (я хочу пригласить, я хотел бы пригласить) Вас (тебя) к нам.

당신을 저희 집에 초대합니다(초대하고 싶습니다, 초대하면 좋겠습니다).

Я буду рад (счастлив), если Вы приедете(придёте) к нам.

당신께서 저희 집에 와주신다면 저는 정말 기쁠 것(행복할 것) 입니다.

Вы не хотите отдохнуть вместе с нами?

당신은 저희와 함께 쉬고 싶지 않으세요?

Вы не согласитесь отдохнуть вместе с нами?

저희와 함께 쉬시는 것에 동의하시나요?

1. Дорогие Катя и Виктор! Очень хочется, чтобы вы приехали к нам на дачу на субботу и воскресенье. Сейчас цветут сады, очень красиво. Приезжайте, не пожалеете. Ждём Вас. До встречи. Обнимаем.

소중한 카챠와 빅토르! 주말에 꼭 우리 다차에 오면 좋겠어. 꽃이 피어 아주 아름다워. 꼭 와야 해. 기다리고 있을게. 그럼 그때 보자. 포옹을 보낸다.

22 요청, 제안, 초대에 대한 응답

Я с удовольствием выполню Вашу просьбу.

기꺼이 당신의 부탁을 들어드리지요.

= Я с радостью выполню Вашу просьбу.

= Я согласен выполнить Вашу просьбу.

= Выполняю Вашу просьбу.

Обязательно выполню Вашу просьбу.

반드시 당신의 부탁을 들어드리지요.

Я с большим удовольствием принимаю Ваше приглашение
(предложение).

당신의 초대를(제안을) 기꺼이 받아드리겠습니다.

= Я с огромным удовольствием принимаю Ваше приглашение
(предложение).

= Я с радостью принимаю Ваше приглашение (предложение).

= Я согласен принять приглашение (предложение).

С удовольствием(с радостью, охотно) выполню Вашу просьбу
(принимаю Ваше предложение).

기꺼이 당신의 부탁을 들어드리지요(당신의 제안을 받아드리지요).

Я постараюсь, но не знаю (не уверен) смог ли выполнять Вашу
просьбу.

노력은 하겠지만 당신의 부탁을 들어줄 수 있을지는 모르겠어요(확신할 수
없어요).

Не знаю, смогу ли я, но постараюсь (попробую) сделать то, что
Вы просите.

제가 할 수 있을지 모르겠지만, 부탁하신 일을 하도록 노력할게요.

К сожалению, я вынужден отказать Вам в просьбе.

유감이지만 당신의 부탁을 거절 할 수밖에 없군요.

= К сожалению, я не могу выполнить Вашу просибу.

К сожалению, я вынужден отказаться от Вашего приглашения.

유감이지만 당신의 초대를 거절 할 수밖에 없군요.

= К сожалению, я не могу принять Ваше приглашение.

К сожалению, я не могу приехать (прийти) к Вам.

유감이지만 당신께 갈 수 없군요.

Боюсь, что не смогу помочь Вам.

당신을 도와드릴 수 없을 것 같아요.

= Думаю, что не смогу помочь Вам.

Боюсь, что не смогу приехать (прийти) к Вам.

당신께 갈 수 없을 것 같아요.

= Думаю, что не смогу приехать (прийти) к Вам.

예문

1. Уважаемая Ольга Григорьевна! Получила Ваше письмо, в котором Вы приглашаете меня к себе на лето. Я Вам очень благодарна за это и с удовольствием воспользуюсь Вашим гостеприимством.

존경하는 올가 그리고리예브나! 여름에 저를 댁으로 초대하신다는 당신의 편지 잘 받았습니다. 초대에 너무 감사드리며 기꺼이 찾아뵙겠습니다.

23 찬성, 반대의 표현

Я совершенно (абсолютно, безусловно) согласен с Вашим мнением (с Вами, с этим).

나는 당신의 의견에(당신에게, 이것에) 완전히(절대적으로, 무조건) 동의합니다.

Я уверен, что это так.

저는 그렇다고 확신합니다.

Я уверен, что Вы правы.

저는 당신이 옳다고 확신합니다.

Я тоже так думаю.

저 역시 그렇게 생각합니다.

= Я тоже так считаю.

Вы правы.

당신이 옳아요.

= Вы совершенно (абсолютно, безусловно) правы.

Конечно(безусловно), я согласен с Вами.

물론(무조건) 나는 당신과 의견이 같습니다.

Уверен, что это не так.

그렇지 않다고 확신합니다.

Уверен, что Вы не правы.

당신이 옳지 않다고 확신합니다.

Я думаю иначе.

저는 생각이 달라요.

= Я думаю не так.

= У меня иное (другое) мнение.

Сомневаюсь, что это так.

그럴 것 같지 않은데요.

Сомневаюсь, что это правда.

이것이 진실이라고 생각되지 않군요.

С этим трудно согласиться.

거기에 동의하기 힘들군요.

С Вами трудно согласиться.

당신에게 동의하기 힘들군요.

С Вашим мнением трудно согласиться.

당신 의견에 동의하기 힘들군요.

24 그리움의 표현

Я Вас часто вспоминаю.

당신을 자주 생각해요.

= Я о Вас часто думаю.

Я Вас никогда не забываю.

한시도 당신을 잊지 않고 있어요.

= Я Вас всегда помню.

Я о Вас много думаю.

당신 생각 많이 한답니다.

Я по Вам очень скучаю.

당신이 아주 많이 그리워요.

У меня одно желание: снова увидеться с Вами.

당신을 다시 뵐 수 있다면 하는 단 한 가지 바람뿐이랍니다.

Как было бы хорошо, если бы я смог поговорить с Вами!

당신과 이야기를 나눌 수 있다면 정말 좋겠어요.

V 상업 및 무역 서신 표현

---

01 개인적 의견을 나눌 시간을 정하자는 제안

> Я буду очень рад возможности обсудить все вопросы с Вами лично, так как мне кажется, что различные вопросы могут быть решены быстрее при встрече.
> Если Вы предложите время, я организую свое время так, чтобы оно совпало с Вашим.

어휘

- 주어 + рад(а, ы) + 수여격 ~를 기뻐하다
- возможность (여성명사) 가능성
- обсуждать/обсудить 논의하다, 심의하다, 협의하다
- лично 개인적으로, 사적으로
- так как S + V ~이기 때문에
- предлагать/предложить 제안하다, 제의하다
- организовывать/организовать 조직하다, 구성하다
- совпадать/совпасть с + 도구격 ~과 일치하다, 부합하다

♣

> 저는 당신과 모든 문제를 개인적으로 상의할 수 있는 기회를 갖게 되어 매우 기쁩니다. 이런 저런 문제들은 직접 만났을 때 훨씬 더 빨리 해결할 수 있다고 생각합니다. 당신이 시간을 말씀하신다면 제가 그 시간에 맞추어 적절한 시간을 조정하겠습니다.

02 방문을 알리는 편지에 대한 감사

> Спасибо Вам за письмо и сообщение, что г-н Чан посетит наш город на следующей неделе. Мы будем очень рады снова повстречаться с ним и ждем его телефонного звонка.

어휘

- сообщение 통보, 통지, 연락
- посещать/посетить 방문하다, 찾아가다

♣

> Mr. 장께서 다음 주 저희 도시를 방문할 것이라는 소식과 편지를 보내주신 점 감사드립니다.
> 저희는 Mr. 장을 다시 뵙게 되어 매우 기쁩니다. 그분의 전화를 기다리겠습니다.

Я бы очень хотел встретиться с Вами по вопросу, который, как мне кажется, заинтересует Вас, и так как я буду в Сеуле на следующей неделе, надеюсь, Вам будет удобно, если я позвоню, скажем, в 10 ч. 30 мин. утра в среду или в любое другое устраивающее Вас время. Было бы очень любезно с Вашей стороны, если бы Вы сообщили мне своё решение.

어휘

- 수여격 + **удобно** 편안하다, 편리하다

- **устраивающее время** 적당한 시간 (< **устраивать/устроить** 안정시키다,

형편이 좋다)

- **сообщать/сообщить** 알리다

♣

저는 당신이 흥미로워하실 문제에 대해 당신과 직접 만나서 이야기를 나누고 싶습니다. 저는 다음 주에 서울에 머물 계획이며 당신 시간이 괜찮으시다면 제가 전화를 드리겠습니다. 수요일 오전 10시 30분 혹은 당신이 편한 시간에 만나면 좋겠습니다.
답장 주신다면 고맙겠습니다.

В связи с вопросом о лицензии на производство я бы хотел получить возможность встретиться с Вами лично, поскольку я нахожусь в Вашей стране и был бы Вам очень признателен, если бы Вы смогли уделить мне несколько минут в один из ближайших дней. Мой секретарь позвонит Вам завтра утром с тем, чтобы узнать, на какой день и время может быть назначена встреча.

어휘

- **в связи с** + 도구격 ~과 연관하여

- **лицензия** 허가증, 인가, 면허, 특허

- **поскольку** S+V ~한 만큼, ~이기 때문에

- **признательный** 감사하는, 감사의

- **назначен**(а, ы) 지정된; 임명된 (〈**назначать/назначить** 지정하다; 임명하다, 지명하다)

♣

생산 허가 문제와 연관하여 제가 귀하의 나라에 체류하기 때문에 개인적으로 귀하를 뵐 기회를 가졌으면 합니다. 조만간 저에게 약간의 시간을 할애해주신다면 정말 고맙겠습니다. 저의 비서가 언제 만나는 것이 편하신지 여쭈기 위해 내일 아침에 전화를 드릴 것입니다.

05 회사 임원이 공항에 도착하여 연락할 것이라고 알리는 내용

Г-н Пак, наш заведующий экспортным отделом планирует встретиться с нашими заказчиками в Северной Европе и будет в Стокгольме в начале следующей недели. Он позвонит Вам, как только приедет и договорится о времени встречи с Вами. Он будет рад расширению личных контактов.

어휘

- **заведующий** 관리인, 부장, 과장, 지배인

- **экспортный отдел** 수출부

- **планировать** 계획을 세우다

- **заказчик** 주문인, 바이어

- **расширение** 확대

♣

본사 수출부 부장인 **Mr.** 박이 북유럽에서 바이어와 만날 계획이며 다음 주초에 스톡홀름에 갈 것입니다. 그는 도착하자마자 귀사에 전화를 할 것이며 귀사 측 담당자와 미팅 시간을 정할 것입니다. 그는 귀사와의 개인적 만남을 매우 고대하고 있습니다.

06 비행기 표를 예약해달라는 부탁

> Уважаемые господа,
>
> Наш технический директор г-н Кан прибудет в Лондон на следующей неделе, а затем отправится в Швецию и Финляндию. Мы были бы Вам обязаны, если бы Вы приобрели для него билет на самолет, вылетающий из Англии в Стокгольм 21 числа, или на день раньше, или на день позже.
>
> Деньги за билет и заказ будут выплачены Вам национальным банком, который получил от нас такое указание.
>
> Заранее благодарим Вас за Вашу любезность.
>
> С уважением,

어휘

- технический директор 기술 이사

- прибывать/прибыть 도착하다

- отправляться/отправиться 출발하다, 가다

- обязанный 의무 있는, ~해야 할; 은혜를 입다, 신세를 지다

- приобретать/приобрести 얻다, 손에 넣다, 획득하다

- будут выплачены 지불될 것이다 (< выплачивать/выплатить 지불하다, 갚다)

- указание 지시, 훈령

- заранее 미리, 사전에

- любезность (여성명사) 친절함, 상냥스러움

♣

존경하는 담당자께

본사의 기술이사이신 **Mr.** 강께서 다음 주 런던에 도착할 것이며 이후 스웨덴과 핀란드로 떠날 것입니다. 따라서 귀사에서 영국 발(發) 스톡홀름 행(行) 비행기 표를 예약해주시면 고맙겠습니다. 예약은 21일 쯤으로, 혹은 20일이나 22일로 해주시면 좋겠습니다. 수속과 예약에 소요된 비용은 본사로부터 협조 요청을 받은 국립은행을 통해 지불할 것입니다. 귀사의 수고에 미리 감사드립니다.

..... 드림.

07 호텔의 좋은 객실을 배정해달라는 내용

Уважаемый г-н Кан,

8 Мая в Москве в командировке будет г-н Ким, и он надеется, что Вы, как и прежде, предоставите ему номер в своей гостинице. Он был бы Вам очень признателен, если бы это был тот же самый номер, что и в прошлом году или, по крайней мере, номер с окнами во двор, так как в комнатах с окнами на главную улицу слишком шумно.

Я был бы благодарен Вам, если бы Вы ответили без задержки с тем, чтобы все вопросы с поездкой г-на Кима были бы полностью решены.

Искренне Ваш,

어휘

- командировка 출장, 파견

- предоставлять/предоставить 맡기다, 위임하다, 사용을 허락하다

- признателный 감사하는, 감사의

- шумный 소란스러운, 시끄러운(< шум 소음)

- задержка 지체, 중지, 고장

- полностью (부사) 전혀, 죄다, 남김없이

♣

존경하는 강 선생님
김 선생님께서 5월 8일에 모스크바로 출장을 갈 것입니다. 바라건대 김 선생님이
지난번처럼 귀하의 호텔에서 방을 사용하도록 허락해주시길 바랍니다. 창이 도로로
나있는 객실은 너무 시끄럽기 때문에 작년에 묵었던 객실이나, 창문이 정원으로
나있는 객실을 배정해주시면 대단히 감사하겠습니다. 귀사 측이 김 선생님의
출장과 연관된 모든 문제가 빨리 해결되도록 답장을 곧바로 해주신다면 매우
고맙겠습니다.

... 드림

08 제품 주문에 대한 발송일 통보 및 주문에 대한 감사

Уважаемые господа,
Ваш заказ от 7 марта получен вовремя, и мы сразу же приступаем к
его выполнению. Мы надеемся отправить товар в следующую пятницу
и не сомневаемся, что он Вам понравится.
Благодарим Вас и надеемся, что это не последний Ваш заказ.

С уважением,

- приступать/приступить к + 수여격 ~에 착수하다, 시작하다 : 접근하다

- выполнение 수행, 실행

- отправлять/отправить 보내다, 발송하다

- сомневаться в 전치격 ~을 의심하다, 신뢰하지 않다

♣

> 존경하는 담당자님께
> 3월 7일자 귀사 측 주문서를 잘 받았고, 본사는 즉시 발송 준비에 착수했습니다.
> 다음 주 금요일에 제품을 발송할 것이며 귀사는 제품에 만족하시리라 확신합니다.
> 주문에 감사드리며 이번 거래가 귀사의 마지막 주문이 아니기를 바랍니다.
> ...... 드림.

09 어음 보증의 주체가 바뀌었다는 사실을 알리는 서신

> Уважаемые господа,
> Обратите, пожалуйста, внимание на то, что с сегодняшнего числа все чеки, выписанные на наш счет, будут подписываться двумя директорами, как и раньше, но скреплены подписью г-на Ли вместо г-на Кима. Кроме того, все идущие к нам чеки будут индоссироваться г-ном Ли вместо г-на Кима.
> С уважением,

- чек 수표, 전표, 어음

- счет 계산서, 회계서, 구좌

- подписываться/подписаться서명하다, 기명하다

- скреплены 확인된, 인증된 (〈 скреплять/скрепить 인증하다)

- индоссироваться(불완, 완) 배서하다, 보증하다

♣

존경하는 담당자님께.
오늘부터 본사가 발행한 모든 어음에는 예전처럼 두 분의 사장님 서명이 들어가게 되지만 이 어음에는 김 사장님 대신 이 사장님이 배서하실 것이라는 사실을 유의하시기 바랍니다. 또한 저희 회사에 돌아오는 모든 어음의 보증은 김 사장님이 아닌 이 사장님이 하실 것입니다.

...... 드림.

10 어음 지불 중지를 부탁하는 내용

Уважаемый г-н Ким,
Приостановите, пожалуйста, оплату чека N A04816, на сумму 260 фунтов, датированного 12 октября, который я выписал на имя фирмы <Золотое и Серевое>.

С уважением,

- приостановите 중지시키세요 (<приостанавливать/приостановить 중지 시키다, 멈추게 하다)

- оплата 지불, 보수

- сумма 금액, 총액

- фунт 푼트, 파운드

- датированный (날짜기) 기입된 (< датировать 날짜를 기입하다, 연월일 을 매기다)

- выписывать/выписать 등본, 초본을 만들다

♣

존경하는 김 선생님께
제가 <Золотое и Серевое> 라는 회사명으로 발행한 10월 12일자 총액 260 파운드짜리 어음 NA04816의 지불을 중지시켜 주시기 바랍니다.
.....드림

Уважаемые господа,

Мы просим Вас сообщить нам размеры страхового сбора против всех видов риска при транспортировке груза. Страховка должна быть со склада на склад с 15 мая.

С уважением,

어휘

- **размер** 길이, 크기, 사이즈

- **страховой сбор** 보험료 (〈 **страховка** 보험)

- **сбор** 집합, 징수, 세금, 요금

- **риск** 리스크, 위험, 손실

- **транспортировка** 운송, 수송 (〈 **транспортировать** 운송, 수송하다)

- **груз** 화물, 짐

- **склад** 창고

♣

존경하는 담당자님께

본사는 화물 운송에 따른 불상사를 방지하기 위해 귀사가 가입한 모든 손해 보험료 규모를 통보해주시기를 요청합니다. 보험은 출발지에서 도착지까지 보장하는 것으로 5월 15일부터 발효되어야 합니다.

.... 드림.

12 납품 시 계약 조건을 충족시켜달라는 내용

Уважаемые Господа,

Благодарим Вас за быстрый ответ от 5 апреля на наш запрос на провод для звонков. Мы прилагаем наш официальный заказ на 15,000 метров провода, который, как мы полагаем, Вы можете поставить со склада.

Как мы указывали в нашем первом запросе, качество и цвет изоляции должны соответствовать тому образцу, который мы посылали Вам. Только на таких условиях мы можем разместить у Вас свой заказ.

С уважением,

어휘

- **запрос** 신청(서), 조회장, 질문서
- **провод** 전선(電線)
- **ставить/поставить** 세우다, 설치하다, 납품하다
- **склад** 창고
- **изоляция** 격리, 절연체
- **соответствовать** + 수여격 ~과 일치하다, 합치하다
- **размещать/разместить** 배치하다, 진열하다；할당하다

♣

> 존경하는 담당자님께
> 전화선 주문에 대한 4월 5일 자 본사의 요청에 신속하게 답변해주셔서 감사드립니다. 본사는 전화선 15000미터 구매에 대한 공식 주문서를 첨부했습니다. 이 수량은 귀사의 창고에서 바로 납품할 수 있을 것으로 판단하고 있습니다. 최초 요청서에서 밝혔듯이 전선의 품질과 색상은 본사가 보냈던 견본과 일치하여야 합니다. 이 같은 조건하에서만 본사는 귀사의 제품을 수령하겠습니다.
>
> .... 드림.

13 결제 청구에 대해 수표를 보냈다는 내용

> Уважаемые господа,
> Направляем Вам чек на сумму 2500 долларов для полной оплаты Вашего счёта, датированного 15 марта. Индоссамент на обратной стороне чека принимается как достаточное подтверждение.
>
> С уважением,

어휘

- направлять/направить 보내다, 파견하다

- чек 수표

- полная оплата 완전 지불, 완불

- датированный ~일자 (< датировать 날짜를 기입하다, 연월일을 매기다)

- индоссамент 어음의 배서

- **обратная сторона** 이면(裏面)

- **достаточное подтверждение** 보증 (〈 подтверждение 확인, 확증)

♣

> 존경하는 여러분
> 귀사의 3월 15일자 청구서에 대한 지불인 총액 2500 달러의 수표를 귀사에 보내드립니다. 수표 이면의 배서는 확실한 신용을 보증합니다.
>
> 드림

14 현금 결제가 어려우니 어음을 받아달라는 내용

> Уважаемые господа,
> Мы будем признательны Вам, если Вы примёте прилагаемый вексель, датированный 3 марта на сумму 3000 долл., подлежащий оплате в течение трёх месяцев и возврату нам. Просите за беспокойство, но из-за медленного поступления денег от наших должников мы оказались сейчас в затруднительном положении с наличными денежыми средствами.
>
> С уважением,

어휘

- **признательный** 감사하는, 감사의

- **принимать/принять** 받아들이다, 승인하다

- прилагаемый 첨부된 (〈 прилагать/приложить 옆에 놓다, 첨부하다)

- вексель （남성명사） 어음

- на сумму 3000 долл. 총 3000 달러

- подлежащий + 수여격 ～에 해당하는, ～해야 할

- в течение + 소유격 ～동안에

- возврат = возвращение 반환, 되찾음, 복귀

- поступление 수입, 소득, 입금

- должник 채무자

- затруднительное положение 곤란한 상황 (〈 затруднительный 난처한, 곤란한)

- наличные(복수) 현금 = наличные деньги

♣

존경하는 담당자님께
3월 3일 자로 발행하는 총액 3000달러의 3개월짜리 어음을 받아주신다면 매우 고맙겠습니다. 걱정을 끼쳐드려서 매우 죄송합니다만, 본사는 채무자들로부터 자금 회수가 느려 현재 현금 사정이 곤란한 입장입니다.

... 드림.

---

15 품질이 좋지 않아 반품하겠다는 내용

Уважаемые господа,

К большому сожалению мы должны Вам сообщить, что Ваша последняя партия товара не соответствует принятому стандарту. Материал выглядит неплотным и не будет держать форму. Мы послали Вам отдельной упаковкой кусок этого материала, а также кусок от материала предыдущей партии ткани.

Мы никогда не сомневались в высоком качестве тканей, которые мы от Вас получали, и тем больше наше огорчение на этот раз, потому что мы уже поставили ткань своим новым заказчикам. Поскольку нам придётся забрать её обратно, мы должны попросить Вас сообщить нам без задержки, что Вы можете предпринять, чтобы помочь нам выйти из этого затруднительного положения.

С уважением,

어휘

- **к большому сожалению** 매우 유감스럽게도

- **соответствовать + 수여격** ~과 일치하다, 합치하다

- **стандарт** 표준, 기준, 규격

- **выглядеть** ~처럼 보이다, 모양을 하고 있다

- **плотный** (직물) 감이 좋은, 밀도 높은, 촘촘한

- **держать форму** 형태를 유지하다

- **посылать/послать** 보내다, 파견하다

- **отдельный** 개별적인, 별개의

- **упаковка** 포장

- **предыдущий** 선행하는, 앞선, 위에서 말한, 이미 말한

- **ткань**(여성명사) 직물, 조직

- **сомневаться в** + 전치격 ~을 의심하다, 신뢰하지 않다

- **высокое качество** 고품질

- **огорчение** 비탄, 고뇌

- **заказчик** 주문인

- **поскольку** S+V ~한 만큼, ~이기 때문에

- **забирать/забрать** 차압하다, 가지고 가다

- **задержка** 지체, 중지

- **предпринимать/предпринять** 실행하다, 시작하다

- **затруднительное положение** 곤란한 상황

♣

존경하는 담당자님께
대단히 유감스럽지만 귀사의 최근 배달 제품이 통상적인 규격에 맞지 않음을 통보합니다. 원단의 질이 좋지 않아 모양이 나오지 않을 것 같습니다. 이 원단의 일부와 과거의 원단 일부를 귀사에 보냈습니다.
본사는 귀사가 생산한 직물의 품질을 한 번도 의심한 적이 없습니다. 때문에 이번에 실망은 더욱 큽니다. 본사는 이미 새 바이어에게 직물을 납품했습니다. 그런데 이 제품을 반품 받아야 하는 상황입니다. 따라서 귀사는 곤란한 처지를 어떻게 대처해야 하는지 즉각 알려주시기를 고대합니다.

... 드림.

---

16 상품의 카탈로그, 견본을 요청

Уважаемые Господа,

Нам стало известно, что Вы производите на экспорт обувь и перчатки ручной работы из натуральной кожи. У нас постоянно появляется спрос на высококачественный товар такого рода, особенно светлых тонов. Объём продаж не очень большой, но за модную модель можно получить хорошую цену.

Пришлите нам, пожалуйста, свои каталоги с полной информацией относительно экспортных цен, условий платежа, а также некоторые образцы изделий, по своему усмотрению. Просим ответить.

С уважением,

어휘

• 수여격 + **известно** ~가 알고 있다

• **производить/произвести** 생산하다, 제조하다

• **экспорт** 수출, 수출품 (↔ **импорт** 수입)

• **обувь** (여성명사) 신발

• **перчатки** (복수) 장갑

• **ручная работа** 수공, 수공품

• **натуральная кожа** 천연 가죽

• **спрос** 수요; 요청; 질문

• **высококачественный товар** 고품질의 상품

• **объем продаж** 판매량

- модная модель 최신 모델

- каталог 목록

- экспортная цена 수출가격

- условия платежа 지불 조건 (〈 платеж 지불)

- образы изделий 제품 견본 (〈 изделие 제품)

- по своему усмотрению 재량껏 (〈 усмотрение 재량; 판정, 판단)

♣

> 존경하는 담당자님께
> 저희 회사는 귀사가 천연가죽 신발과 장갑을 수작업으로 생산 수출한다는 사실을
> 알게 되었습니다. 저희 측에는 이러한 제품, 특히 밝은 색 계통의 고급품에 대한
> 수요가 꾸준히 있습니다. 판매량은 그렇게 많지는 않지만 최신 모델은 좋은
> 가격을 받을 수 있습니다. 수출 가격과 지불 조건을 명시한 귀사의 카탈로그와
> 약간의 견본을 저희 회사에 보내주시기 바랍니다. 답장을 기다리겠습니다.
> ......드림.

17 도매가 할인율을 조절하자는 서신에 대한 답장

Уважаемые Господа,

Большая благодарность за Ваше письмо от 15 июля, в котором Вы обращаетесь к нам с просьбой предоставить Вам дополнительную скидку в 2,5% свыше обычных скидок с учетом того, что Вы заказываете 20,000 конвертов.

Высоко ценя Ваш заказ, мы все-таки должны отметить, что наши цены и так уже снижены до возможного минимума, и что по таким ценам, как у нас, нигде конверты купить нельзя.

Тем не менее, мы будем рады предоставить Вам скидку в 2,5%, если Вы увеличите свой заказ до 50,000 штук, и мы будем ожидать Ваше подтверждение прежде, чем дать делу ход.

С благодарностью и уважением,

어휘

- благодарность за + 목적격 ~에 대한 감사

- предоставлять/предоставить 맡기다, 위임하다

- дополнительная скидка в 2,5% 2.5%의 추가 할인 (〈 скидка 할인)

- заказывать/заказать 주문하다 (〈 заказ 주문)

- конверт 봉투, 포대기, 자루

- отмечать/отметить 표시, 기호를 달다, 기입하다

- снижены 낮춰진 (〈снижать/снизить 내리다, 낮추다)

- до возможного минимума 가능한 최소한까지 (〈 минимум (명사) 최소한도; (부사) 최소한)

- **тем не менее** 그럼에도 불구하고

- **увеличивать/увеличить** 확대시키다, 확장하다, 늘리다

- **штука** 한 개, 하나; ~개

- **подтверждение** 확인, 확증 (< **подтверждать/подтвердить** 확인하다, 보증하다)

- **дать делу ход** 일(사건, 문제)을 진전시키다

♣

존경하는 담당자님께

봉투 2만 장을 주문하시며 일반 할인보다 높은 2.5% 추가 할인을 요구하신 7월 15일자 귀사의 서신에 감사드립니다. 귀사의 주문을 매우 높이 평가하지만 저희 회사의 가격이 최저 가격이라는 사실과 저희 회사가 제시한 가격으로 다른 곳에서 봉투를 구입하실 수 없다는 사실을 말씀드리고 싶습니다. 하지만 귀사가 5만장까지 주문을 늘리신다면 2.5% 할인을 해드리고자 합니다. 일이 진행되기 전에 귀사의 확답을 기다리겠습니다.

존경과 감사를 보냅니다.

Уважаемые Господа,

Благодарим Вас за Ваше письмо от 5 марта. Мы рады узнать, что груз доставлен очень быстро, но мы с сожалением узнали, что в ящике N 25 содержался не тот товар, который Вы заказывали.

Разобравшись в этой проблеме, мы выяснили, что ошибка действительно произошла при упаковке. Мы будем Вам благодарны, если Вы оставите ящик N 25 и его содержимое у себя до того, пока за ним не приедет наш агент, которому мы дали соответствующие указания.

Примите, пожалуйста, наши извинения за причиненное беспокойство допущенной нами ошибкой.

С уважением,

어휘

- **груз** 화물, 짐

- **доставлен** 도착되다 (< **доставлять/доставить** 보내주다, 공급하다)

- **ящик** 상자, 궤, 함, 통

- **содержаться** ～에 포함되어 있다. ～이 있다.

- **разбираться/разобраться в** + 전치격 충분히 연구, 해명하다

- **выяснять/выяснить** 해명하다, 밝히다

- **упаковка** 포장, 짐 꾸러미

- **оставлять/оставить** 남기다. 그대로 두다

- **содержимое** (명사) 내용, 알맹이

- агент 대리인

- соответствующие указания 적절한 지시 (〈соответствующий 적당한, 적절한)

- указание 지시, 훈령

- принимать/принять 받다, 수령하다, 접수하다

- извинение 용서, 사죄, 변명 (〈 извинять/извинить 용서하다)

- причиненное беспокойство 야기된 걱정, 불편

  (〈 причинять/ причинить 야기하다, 가하다)

- допущенный 허용된, 허가된 (〈 допускать/допустить 허가하다, 허용하다)

♣

존경하는 담당자께
3월 5일자 귀사의 편지에 감사드립니다. 본사는 화물이 매우 빨리 도착한 것에
대해 기쁘게 생각합니다. 그러나 유감스럽게도 25번 컨테이너에 귀사가 주문하신
상품이 들어있지 않았다는 사실을 알게 되었습니다.
이 문제를 조사하는 과정에서 포장 단계에 실수가 있었음을 밝혀냈습니다.
바라건대 25번 컨테이너와 그 내용물을 저희 회사 직원이 도착할 때까지 보관하여
주시면 고맙겠습니다.
저희 회사의 실수로 인해 걱정을 끼쳐드린 점 용서를 구합니다.

.....드림.

19 상품 입고(入庫) 날짜를 통보

Уважаемые Господа,

Мы Вам очень благодарны за заказ на чай от 2 марта.

Товар имеется в наличии – и мы гарантируем его поставку на Ваш склад гораздо раньше 15 марта.

Мы сообщим Вам, как Вы просите, дату отправки.

Всегда к Вашим услугам.

С уважением,

어휘

- **имеется в наличии** 있다. 존재하다.

- **гарантировать**(불완, 완) 보증하다, 보장하다 (〈**гарантия** 보증, 보장)

- **поставка** 납품, 공급

- **склад** 창고

- **дата отправки** 발송 날짜(발송일) (〈**отправка** 발송, 송달)

- **услуга** 봉사, 서비스

- **всегда к вашим услугам** 언제나 무슨 일이든 시켜주십시오

♣

존경하는 담당자님께

3월 2일자 귀사의 차(tea) 주문에 대하여 대단히 감사드립니다. 상품은 현재 준비되어 있으며 3월 15일 이전에 입고할 수 있다는 점을 보증합니다. 귀사가 요청하신 대로 발송 날짜를 통보해드립니다.

항상 봉사하는 마음으로 일하겠습니다.

....드림.

20 상품 주문을 늘린다면 추가 할인을 해줄 수 있다는 서신

Уважаемые Господа,

Благодарим Вас за Ваше письмо от 18 мая, в котором Вы просите нас о более разумной цене на товар по образцу No 110.

Как бы мы ни хотели Вам помочь, вряд ли возможно снижение нашей цены, так как мы уже снизили её в предвидении большого заказа. По пяти шиллингов за ярд - эта ткань хорошо конкурирует по качеству с любым другим товаром на внутренних или внешних рынках.

Тем не менее, мы хотим предложить Вам скидку в 5% на последующие заказы на сумму 1000 фунтов или более. А пока мы будем рады выполнить Ваш настоящий заказ с указанной скидкой.

Ждем Вашего подтверждения принятия этого предложения.

С уважением,

- **разумная цена** 타당한 가격, 합리적 가격, 적정가 (〈 **разумный** 합리적인, 이성적인)

- **образец** 견본, 본보기, 전형

- **как бы мы ни хотели вам помочь** 당신께 어떻게든 도움을 주고 싶지만

- **вряд ли возможно** 거의 불가능하다(〈 **вряд ли** 거의 ~ 않나)

- **снижение** 감액, 감소, 하락 (〈 **снижать/снизить** 내리다, 낮추다)

- **так как** 왜냐하면

- **предвидение** 예측, 예견 (〈 **предвидеть** 예견하다, 미리 감지하다)

- **шиллинг** 실링 (영국의 화폐 단위: 20분의 1파운드)

- **за ярд** 야드당, 1야드에 (〈 **ярд** 야드(영국 척도 단위: 0.914미터))

- **ткань** (여성명사) 직물, 조직

- **конкурировать с** +도구격 + **в** + 전치격 ~에서 ~와 경쟁하다

- **тем не менее** 그럼에도 불구하고

- **подтверждение** 확인, 확증 (〈**подтверждать/подтвердить** 확인하다, 보증하다)

- **принятие** 수령, 인수, 접수 (〈**принимать/принять** 받다, 수령하다, 접수하다)

- **предложение** 제안, 제의, 신청 (〈**предлагать/предложить** 신청하다, 제안하다)

♣

존경하는 담당자님께

견본 No.110 상품의 보다 적정한 가격을 요청한 5월 18일자 귀사의 편지에 감사드립
니다. 본사는 어떻게든 도움을 드리고 싶지만 가격 인하는 불가능할 것입니다. 그 이
유는 본사는 대량 주문을 예상하여 가격을 이미 낮추었기 때문입니다. 1야드 당 5실
링의 가격과 이 정도 품질의 천은 국내 및 국외 시장에서 그 어떤 상품과도 충분히
경쟁력이 있습니다. 그러나 앞으로 1000파운드 이상의 추가 주문을 하신다면 5%의
할인을 해드릴 것을 제안합니다. 그리고 이번에는 본사가 원래의 할인가격으로 귀
사의 주문에 맞춰 생산하겠습니다.

이 제안을 받아들이실 지 답장을 기다리겠습니다.

...드림.

21 송장(送狀)에 기재된 총액(總額)에 오류가 있다는 사실을 알리는 서신

Уважаемые Господа,

Ссылаясь на Ваш счёт N21026 от 3 июля, мы должны отметить, что
Вы допустили ошибку в указании общей суммы. Наш подсчёт даёт
цифру - 237,000 долл., а не ту сумму, которую как указываете Вы.
Мы прилагаем чек на указанную нами сумму, и были бы Вам
обязаны, если бы Вы внесли исправления в счёт или записали сумму
в кредит счета.

С уважением,

- ссылаясь на + 목적격 ~에 의거하여

- ссылаться/сослаться на + 목적격 인용하다; (인용하여) 구실로 삼다

- счёт 계산서, 송장(送狀)

- отмечать/отметить 기호를 달다, 기입하다; 주목하다; 지적하다

- допустить ошибку 실수를 용납하다

- допускать/допустить 허가하다, 허용하다, 관대히 봐주다

- указание общей суммы 총액 계산서

- указание 지시, 교시, 훈령

- общая сумма 총액

- подсчёт 계산, 결산

- цифра 숫자, 수

- как указываете Вы 귀사께서 지시하신대로

- указывать/указать 지시하다

- прилагать/приложить 첨부하다, 옆에 놓다

- чек 수표, 전표

- обязан(а, о, ы) + 수여격(*кому*) + 도구격(*чем*)   ~에게 ~으로
신세를 지다, 은혜를 입다

- внести исправления 수정하다 (〈 исправление 수정, 정정)

- кредит счёта 신용장

♣

> 존경하는 담당자님께
> 7월 3일자 귀사의 송장 No.21026에 의거하여, 본사는 귀사가 총액계산서에 오류를 범했다는 사실을 지적하는 바입니다. 저희 측 계산으로는 귀사가 알려준 것과 달리 237,000달러라는 숫자가 나옵니다.
> 본사는 총합계를 기입한 계산서를 첨부합니다. 아울러 귀사가 송장을 정정하시거나 신용장에 총합계를 기입해주시면 감사하겠습니다.
>
> ....드림.

22 할인율 적용에 오류가 있으니 수정해달라는 서신

> Уважаемые господа,
> Ваша выписка с банковского лицевого счёта за последний квартал года в порядке, но мы думаем, что Вы допустили ошибку в указании специальной скидки. В Вашем письме от 15 сентября прошлого года Вы дали согласие на предоставление дополнительной 5%-ной скидки при поквартальных сделках на сумму 5,000,000 руб. Сумма, указанная в данной выписке составляет ... руб., но Вы указали только 2.5%-ную скидку.
> Просим привести цифры в соответствие, после чего мы представим счёт к оплате.
>
> С уважением,

어휘

- **выписка** 발췌, 요약, 등본, 초본

- **банковский лицевой счет** 은행거래 명세서

- последний квартал года 4사분기 (〈 квартал 구, 구역: 4분의 1년)

- специальная скидка 특별 할인

- предоставление 허락, 위임, 제공 (〈предоставлять/предоставить 맡기다, 위임하다)

- дополнительная 5%-ная скидка 5% 추가 할인

- дополнительный 추가의

- поквартальная сделка 분기별 거래

- поквартальный 4분기마다의

- сделка 거래, 협정

- составлять/составить 만들다, 조립하다; 이루다; ~이다

- приводить/привести 데리고 오다, 인도하다; 어떤 결과로 이끌다

- приводить/привести цифры 숫자가 나오다

- в соответствие 적합하게 (〈 соответствие 적응, 적합)

- представлять/представить 제출하다, 내어놓다

- оплата 지불, 보수

♣

존경하는 담당자께
귀사의 작년 4분기 은행거래 명세서는 정상적으로 잘 되어있습니다. 그러나 특별 할인 계산서에 귀사의 실수가 있었다는 생각이 듭니다. 작년 9월 15일자 귀사의 서신에서 귀사는 총액 5백만 루블의 분기별 거래에 대해 5% 추가 할인을 동의한 바 있습니다. 그러나 이 계산서에 나와 있는 총액은 …루블인데, 귀사는 2.5%의 할인만을 적용했습니다.
정확한 액수를 산출해 주시기를 요청합니다. 귀사의 산출액에 따라 지불 영수증을 발행하겠습니다.

…드림.

23 납품할 수 있는 제품을 확보하고 있는지 묻는 내용

Уважаемые Господа,

Мы получили запрос от фирмы, имеющей в собственности несколько первоклассных отелей в нашей стране. Они открывают новую гостиницу и обратились к нам с просьбой дать им расценки на мебель и соответствующее оборудование по прилагаемому списку.

Мебель и оборудование должны соответствовать самым современным моделям, и всё должно быть поставлено к открытию гостиницы в октябре. Поэтому, не могли бы Вы сообщить нам, имеется ли этот товар у Вас в наличии и сколько времени Вам потребуется, чтобы закончить поставку указанного товара. Мы также были бы Вам благодарны, если бы Вы сообщили, сколько на это потребуется упаковочных ящиков и стоимость упаковки.

Сегодня мы послали Вам факс, текст которого идентичен прилагаемой копии. Мы были бы Вам благодарны, если бы Вы ответили нам по телефону или по факсу.

С уважением,

어휘

- запрос 거래조회, 조회서, 질문서

- собственность （여성명사） 소유, 소유물

- первоклассный отель 일급 호텔

- отель （남성명사） 호텔

- расценка 표준 가격; 가격 책정

- соответствующее оборудование 적당한 설비

- оборудование 설비, 장치

- список 사본, 등록; 목록, 일람표; 명부

- по прилагаемому списку 첨부한 표에 따라

- прилагать/приложить 첨부하다, 옆에 놓다

- поставлено 납품한 (〈 ставить/поставить 내놓다, 납품하다)

- упаковочный ящик 포장 상자 (〈 упаковка 짐꾸러미, 포장)

- стоимость(여성명사) 가치, 가격, 값

- факс 팩스

- идентичный 동일한, 동등한; идентичен + 수여격 ~과 유사한, 동일한

- прилагаемая копия 첨부한 사본

- по телефону 전화로 / по факсу 팩스로

♣

존경하는 담당자께
본사는 우리나라에 최고급 호텔을 몇 채 소유한 회사로부터 거래신청서를 받았습니다. 그 회사는 새 호텔을 개장중인데, 첨부한 목록에 있는 가구와 기타 설비에 대한 가격표를 보내달라는 요청서를 저희 회사에 보내왔습니다. 가구와 설비는 가장 최신 모델이어야 하며 10월 호텔 개장에 맞춰 납품되어야 합니다. 따라서 귀사에 이 제품이 있는지, 그리고 납품까지는 시간이 어느 정도 걸릴지 본사에 알려주시면 고맙겠습니다. 또한 여기에 얼마만큼의 포장 박스가 필요한 지와 포장 가격을 알려주시면 감사하겠습니다.
오늘 본사는 첨부한 복사본과 동일한 내용을 귀사에 팩스로 보냈습니다.
귀사께서 본사에 전화나 팩스로 답해주신다면 감사하겠습니다.
.....드림.

24 포도주를 할인 가격에 공급할 수 있다는 서신

Уважаемые Господа,

Нам стало известно, что в ближайшем будущем Вы намерены обновить запасы белого вина.

Возможно, Вам будет интересно узнать, что у нас в 1990 году, были прекрасные погодные условия, позволившие нам получить вина очень хорошего качества.

Сейчас мы поставляем вино урожая этого 1990 года и были бы рады иметь Вас нашим заказчиком. Мы прилагаем подробный экспортный прейскурант. Мы готовы поставить Вам товар по первому заказу с 2.5%-ной скидкой - оплата в течение 30 дней от даты оформления счёта. Мы гарантируем немедленную отправку.

С уважением,

어휘

- в ближайшем будущем 가까운 시일에

- 주어 + намерен(a, o, ы) + inf. ~할 작정(생각)이다. ~할 예정이다

- обновлять/обновить 새롭게 하다, 갱신하다

- запас 저장물, 재고품, 재고량

- белое вино 백포도주

- погодные условия 기후 조건

- урожай 수확, 작황

- заказчик 주문인

- подробный экспортный прейскурант 세부 수출가격표

- прейскурант 정가표, 가격표

- оплата 지불

- немедленная отправка 신속한 발송

- отправлять/отправить 보내다, 발송하다

♣

존경히는 담당자님께
가까운 시일에 귀사가 새로운 백포도주 구입을 계획한다는 소식을 접하게 되었습니다. 1990년은 본사가 양질의 포도주를 얻을 수 있었던 좋은 기후 조건이었음을 알려드리고자 합니다. 현재 본사는 1990년 수확분의 포도주를 공급하고 있으며 귀사가 저희 회사에 주문하신다면 매우 기쁘게 생각하겠습니다. 상세한 수출용 가격표를 첨부합니다. 첫 주문 시 2.5%의 할인으로 제품을 공급할 준비가 되어있으며, 지불은 계산서 작성 이후 30일 이내에 하시면 됩니다. 본사는 신속한 납품을 보증합니다.

....드림.

Уважаемые господа,

Мы благодарим Вас за Ваш интерес к нашей продукции и Ваш запрос от 12 октября, который мы были рады получить и уже внимательно изучаем.

Сегодня мы вышлем Вам наш экспортный иллюстрированный каталог вместе с набором образцом различных кож, которые мы используем для изготовления перчаток и различного рода обуви.

Мы надеемся, что цвет их как раз такой, какой Вы хотели для модных изделий, идущих на рынок, а красота и элегантность наших моделей в сочетании с высококачественной работой придётся по вкусу требовательному покупателю.

Наш представитель, г-н Ким, будет в Вашем городе на следующей неделе и будет рад посетить Вашу фирму. Он привезет полный набор образцов нашей продукции ручной работы. Он уполномочен обсудить с Вами условия заказа или провести переговоры по заключению контракта. Мы рады быть Вам полезными.

С уважением,

어휘

- **запрос** 신청서, 조회장

- **высылать/выслать** 발송하다, 보내다

- **экспортный иллюстрированный каталог** 이미지(사진)가 들어간 수출용 카탈로그

- **вместе с** +도구격 ~ 과 함께

- **набор** 세트, 한 벌

- **изготовление** 제조, 조제, 준비

- полагать/положить 생각하다, 추측하다

- модное изделие 최신 제품

- элегантность(여성명사) 우아함

- высококачественная работа 최상품

- придется по вкусу требовательному покупателю 까다로운 고객의 취향을 만족시키다

- требовательный 요구가 많은, 엄격한, 까다로운

- представитель (남성명사) 내표자

- уполномоченный 전권을 위임받은 (〈 уполномочие 전권 부여)

- уполномочивать/уполномочить 전권을 부여하다

- обсуждать/обсудить 심의하다, 연구하다

- условия заказа 주문의 조건

- проводить/провести переговоры 교섭을 진행하다
(〈 переговоры 교섭, 절충)

- заключение контракта 계약 체결

- полезный 유익한

♣

존경하는 담당자님께
저희 회사 제품에 대한 귀사의 관심에 대해, 그리고 본사가 매우 환영하고 주의
깊게 고려중인 10월 12일자 주문서에 대해 감사드리는 바입니다. 오늘 본사는
장갑과 신발 원료인 가죽 견본 세트와 함께 사진 카탈로그를 귀사께 보낼
것입니다. 저희 회사 제품의 색상은 귀사가 바라는 것처럼 시장에서 유행하는
최신 모델이라고 기대합니다. 또한 저희 회사의 아름답고 우아한 원료가 최고의
생산 기술과 결합하면 까다로운 소비자의 욕구를 충족시킬 것이리라 생각합니다.
본사의 대표이신 Mr. 김께서 다음 주에 귀사의 도시를 갈 것이고 귀사를 방문할
것입니다. Mr. 김께서 수제품인 저희 회사 제품 견본을 가져갈 것입니다. 그는
귀사와의 협상과 계약 체결에 관한 모든 권한을 가지고 있습니다. 귀사에 유익한
기회가 되기를 빕니다.

.....드림.

장 한 ──────────────────────────────

▌약력
현재, 한국외대 노어과 강사
한국외대 대학원 노어과 졸업(문학박사)
한국외대 러시아연구소 초빙연구원

▌주요 논문 및 저서
체홉의 문학과 생태공경 사상(2000)
체홉의 단편 <롯쉴드의 바이올린> 분석(2001)
체홉의 산문에 나오는 깨달음의 테마(2001)
신의 입맞춤, 도스토예프스키 소설 번역서(중앙M&B, 2003)
러시아문학사(보고사, 2004)
초원, 체홉 소설 번역서(범우사, 2005)
미하일 불가코프의 거장과 마르가리타: 풍자와 알레고리의 환상소설(2006)
외 다수

러시아어,
이제 동사로 표현하자
러시아어 동사 100% 활용하기

초판인쇄 | 2009년 6월 1일
초판발행 | 2009년 6월 1일

지은이 | 장 한
펴낸이 | 채종준
펴낸곳 | 한국학술정보㈜
주   소 | 경기도 파주시 교하읍 문발리 파주출판문화정보산업단지 513-5
전   화 | 031) 908-3181(대표)
팩   스 | 031) 908-3189
홈페이지 | http://www.kstudy.com
E-mail | 출판사업부 publish@kstudy.com

등   록 | 제일산-115호(2000. 6. 19)
가   격 | 20,000원

ISBN 978-89-534-2418-0 13790 (Paper Book)

이담
BOOKS 는 한국학술정보(주)의 지식실용서 브랜드입니다.